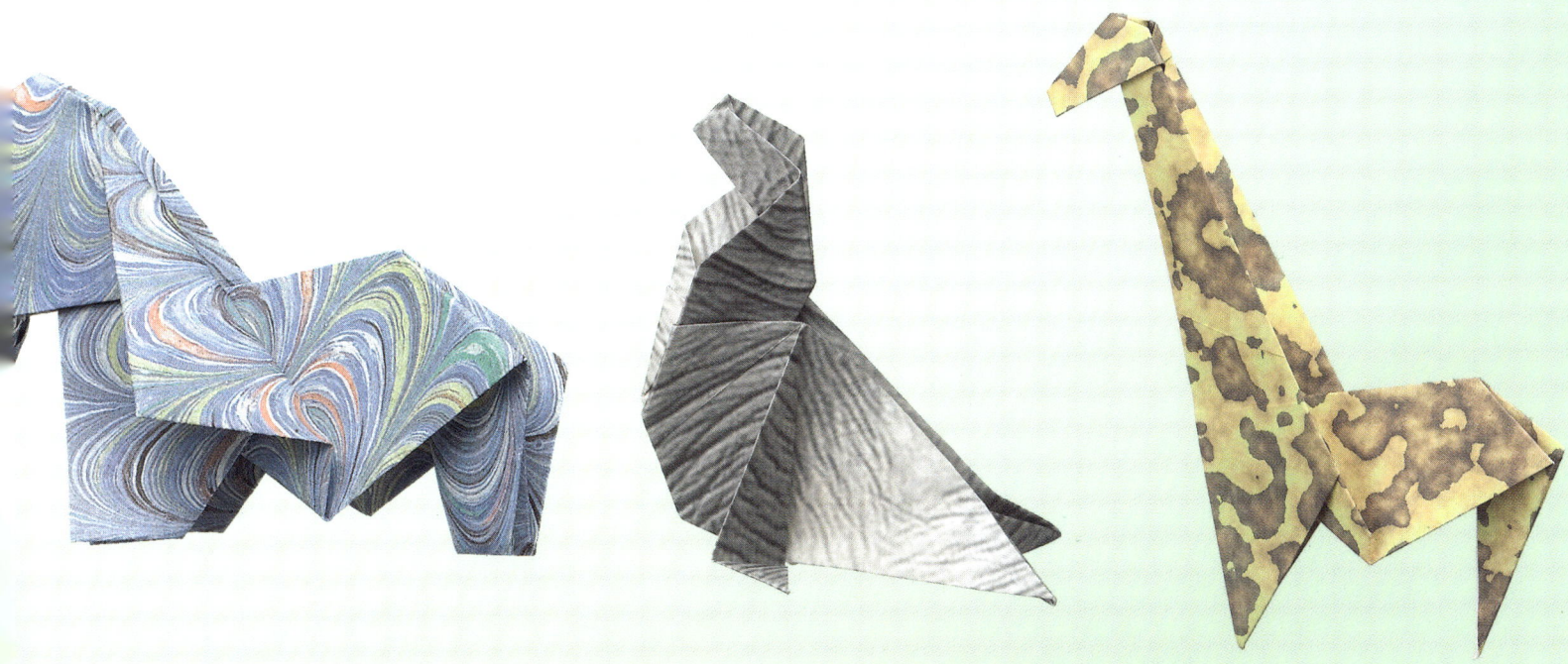

Christian Saile

Christians
Origami-Zoo
Papierfaltspaß mit Giraffe, Löwe & Co.

Inhaltsverzeichnis

... und jetzt geht's los!

Liebe Origami-Freunde,

vor euch liegt mein zweites Buch. Inzwischen bin ich 12 Jahre alt, kann aber vom Origami immer noch nicht lassen. Werd ich wohl auch nie! Ich falte sehr gerne Tiere und darum habe ich dieses Mal einen ganzen Tierpark mit Faltfiguren für euch gemacht. Ein paar kennt ihr vielleicht schon - nämlich die traditionellen Modelle - die ich teilweise weiterentwickelt habe. Viele Tiere habe ich aber auch selbst entworfen.

Langeweile kenne ich nicht. Es ist mir egal, wenn es draußen regnet, dann denke ich mir eben wieder etwas Neues aus, was ich mit meinen gefalteten Figuren anstellen könnte. So habe ich aus ihnen schon ein Mobile, ein Würfel- oder Angelspiel, Glückwunschkarten, einen Bauernhof, einen Zoo, Fensterschmuck oder Bilder gebastelt.

In diesem Buch findet ihr insgesamt 24 Modelle - von ganz leicht bis etwas schwieriger. Aber keine Sorge, wenn es knifflig wird, helfe ich euch auf der beiliegenden DVD. Einfach reinschauen und mitfalten! Ich habe alle Figuren im Buch mit den Papieren aus dem Papierset zum Buch gefaltet. Damit sehen die Tiere besonders toll aus, aber natürlich könnt ihr auch jedes andere Papier verwenden.

Ich hoffe, ihr habt jetzt mindestens genauso viel Fun bei eurer Safari durch das Buch wie ich Spaß beim Entwerfen der Figuren hatte.
Euer Christian

Grundsätzliches, das du wissen solltest

Zeichenerklärung

Bergfalte

Talfalte

Faltrichtung

falten und wieder öffnen

Faltarbeit wenden

Papier einschieben

Grundlegende Faltungen

Bergfalte

Wenn die obere Seite des Papierbogens nach unten geklappt wird, weist die Faltkante wie eine Bergkette nach oben. Eine Strichpunktlinie markiert, an welcher Stelle eine Bergfalte gefaltet werden muss.

Talfalte

Wenn die untere Seite des Papierbogens nach oben geklappt wird, sieht die Faltung wie eine Rinne bzw. wie ein Tal aus. Eine gestrichelte Linie markiert, an welcher Stelle eine Talfalte gefaltet werden muss.

Gegenbruch bzw. Gegenknick nach innen

Hier musst du zuerst knicken, um eine Faltlinie zu erhalten. Die Faltung wieder öffnen und den entsprechenden Teil von außen nach innen wenden. Dann streichst du die Faltfigur flach. Dieser Gegenbruch nach innen kommt z. B. beim Pinguin, der Schlange, dem Hasen und dem Schwein vor.

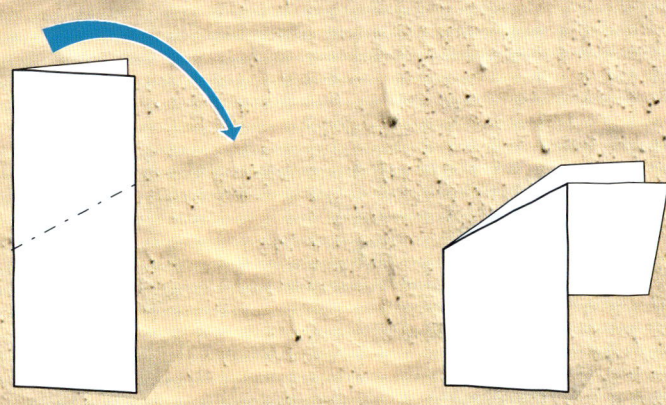

Gegenbruch bzw. Gegenknick nach außen

Auch hier musst du dein Faltmodell zuerst knicken, um eine Faltlinie zu erhalten. Dann öffnest du die Faltung wieder und wendest den entsprechenden Teil von innen nach außen, d. h. du stülpst ihn quasi nach außen. Streiche die Faltfigur glatt. Der Gegenbruch nach außen kommt z. B. beim Pinguin, der Schlange und dem Hasen vor.

Knitterfalte

Hierbei laufen eine Tal- und eine Bergfalte an einem Punkt zusammen.

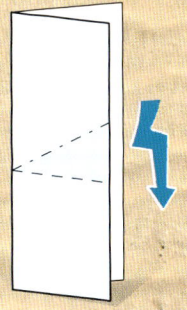
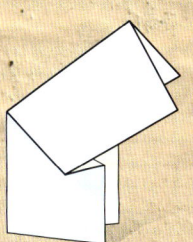

Schau hier wie's geht

Christians Tipp

Wenn du an einem bestimmten Faltschritt mal nicht weiter kommst, kannst du auch einen Blick auf die beiliegende DVD werfen. Dort falte ich die schwierigsten Tiere alle noch einmal mit Duocolor-Faltpapieren Schritt für Schritt vor.

Papier

Um beim Falten schöne Ergebnisse zu erhalten, ist es wichtig, dass du gutes Papier verwendest. Es muss sich gut falten lassen, ohne dass du eine weiße Bruchkante erhältst.

Origamipapier ist in der Regel nicht durchgefärbt, das heißt, die beiden Seiten haben unterschiedliche Farben oder Muster. Meist ist eine Seite weiß.

Wenn du noch nie zuvor gefaltet hast, ist es besser, du verwendest ein solches zweifarbiges Papier. Damit verlierst du nicht so schnell den Überblick, welche Seite nun deine Vorder- und Rückseite ist. Nach diesem Prinzip sind auch die Faltzeichnungen hier im Buch angefertigt.

Origamipapier ist immer quadratisch und meist 15 cm x 15 cm groß. Es gibt das Papier aber auch in den Größen 10 cm x 10 cm und 20 cm x 20 cm im Fachhandel oder Schreibwarenladen zu kaufen. Welches Papier du verwenden sollst, ist am Anfang jeder Faltanleitung in einem quadratischen Feld angegeben.

Wenn du dein Papier selbst zuschneidest, solltest du darauf achten, dass die Seiten wirklich exakt gleich sind. Im Idealfall hat das Papier eine Qualität von 70–75 g/m².

Ich empfehle dir, vor dem Falten einer Figur mit Origamipapier, diese Figur zuerst mit einem einfachen Schreibpapier zu üben. Man hat sich ganz schnell mal verfaltet, und dafür ist das schöne Origamipapier einfach zu schade. Die im Buch verwendeten Papiere gibt es auch als Set bestehend aus 54 Blatt, zu kaufen (siehe Seite 80).

Falzbein

Eine gute Hilfe beim Falten ist ein Falzbein. Durch seine besondere Form gelingt das Falten leichter und es bleiben keine glänzenden Stellen auf dem Papier zurück. Die Spitze des Falzbeins kann bei engen Faltungen behilflich sein. Bei sehr engen Stellen oder wenn mit einem sehr kleinen Stück Papier gearbeitet wird, kann auch ein Schaschlikstäbchen zu Hilfe genommen werden.

Schwierigkeitsgrade

Jedes Modell ist mit einer Schwierigkeitsstufe gekennzeichnet, damit du gleich weißt, wie viel Übung man braucht, um das Modell zu falten. Zu Beginn jeder Anleitung, jeweils ganz oben auf der Seite, ist das Modell dreimal ganz klein abgebildet. Die Anzahl der kräftig hervorgehobenen Modelle zeigt dabei den Schwierigkeitsgrad an. Jedoch keine Sorge, ich erkläre dir die kniffligen Modelle auch noch auf der DVD, sodass du auch die schwierigen Figuren problemlos nachfalten kannst.

Stufe 1: Einfach – Das schaffst du ohne Hilfe.

Stufe 2: Mittel – Dafür brauchst du etwas Übung.

Stufe 3: Schwer – Das wird knifflig! Etwas für echte Profis.

Meine besten Tipps:

✔ Falte deine Figuren immer auf einer glatten und trockenen Unterlage, am besten auf einem Tisch.

✔ Faltanfänger sollten die Figuren zunächst mit größeren Papieren (20 cm x 20 cm) probieren. Damit gelingen die Faltungen besser.

✔ Gib nicht auf, wenn du eine Faltung nicht auf Anhieb verstehst oder hinbekommst. Manchmal muss man ein bisschen ausprobieren, bis man verstanden hat, in welche Richtung eine Faltung gehen oder wie man welche Ecke umstülpen soll. Lege in diesem Fall das Papier am besten für einige Stunden zur Seite und probiere es später noch einmal.

✔ Wenn du ein Origamipapier verwendest, dass zwei verschiedenfarbige Seiten hat, musst du vor dem ersten Faltschritt genau darauf achten, welche dieser Seiten oben bzw. unten liegen muss. Zu Beginn jeder Anleitung weise ich aber auch noch einmal darauf hin.

✔ Aber das Wichtigste von allem ist, dass du immer genau und sauber faltest und deine Kanten immer schön aufeinanderliegen.

✔ Es ist wichtig, dass du deine Modelle nach den jeweiligen Faltschritten immer wieder schön glattstreichst. Das steht bei den einzelnen Anleitungen nicht immer extra mit dabei!

Fischers
Fritz fischt ...

Traditionelles Modell

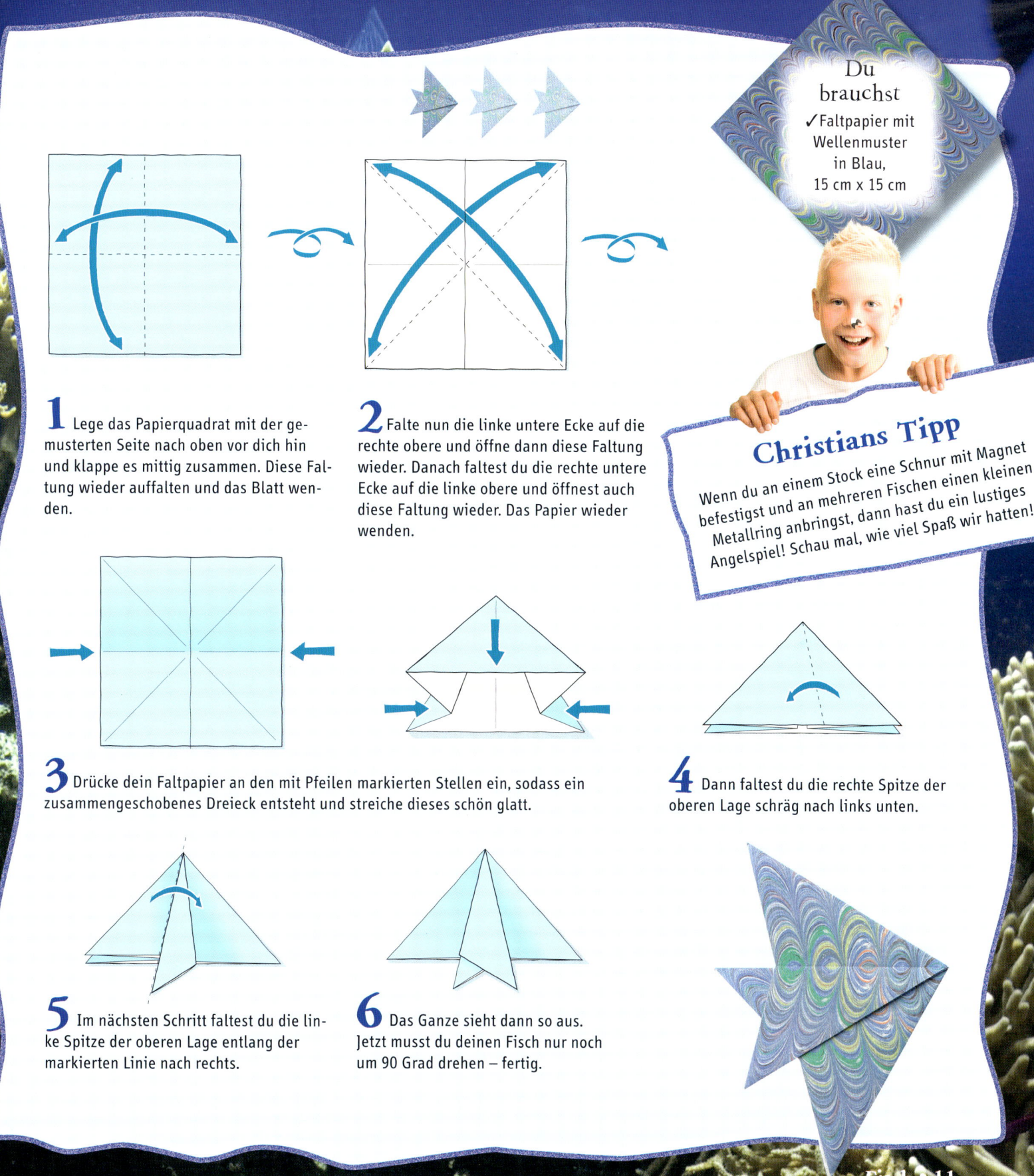

1 Lege das Papierquadrat mit der gemusterten Seite nach oben vor dich hin und klappe es mittig zusammen. Diese Faltung wieder auffalten und das Blatt wenden.

2 Falte nun die linke untere Ecke auf die rechte obere und öffne dann diese Faltung wieder. Danach faltest du die rechte untere Ecke auf die linke obere und öffnest auch diese Faltung wieder. Das Papier wieder wenden.

Christians Tipp

Wenn du an einem Stock eine Schnur mit Magnet befestigst und an mehreren Fischen einen kleinen Metallring anbringst, dann hast du ein lustiges Angelspiel! Schau mal, wie viel Spaß wir hatten!

3 Drücke dein Faltpapier an den mit Pfeilen markierten Stellen ein, sodass ein zusammengeschobenes Dreieck entsteht und streiche dieses schön glatt.

4 Dann faltest du die rechte Spitze der oberen Lage schräg nach links unten.

5 Im nächsten Schritt faltest du die linke Spitze der oberen Lage entlang der markierten Linie nach rechts.

6 Das Ganze sieht dann so aus. Jetzt musst du deinen Fisch nur noch um 90 Grad drehen – fertig.

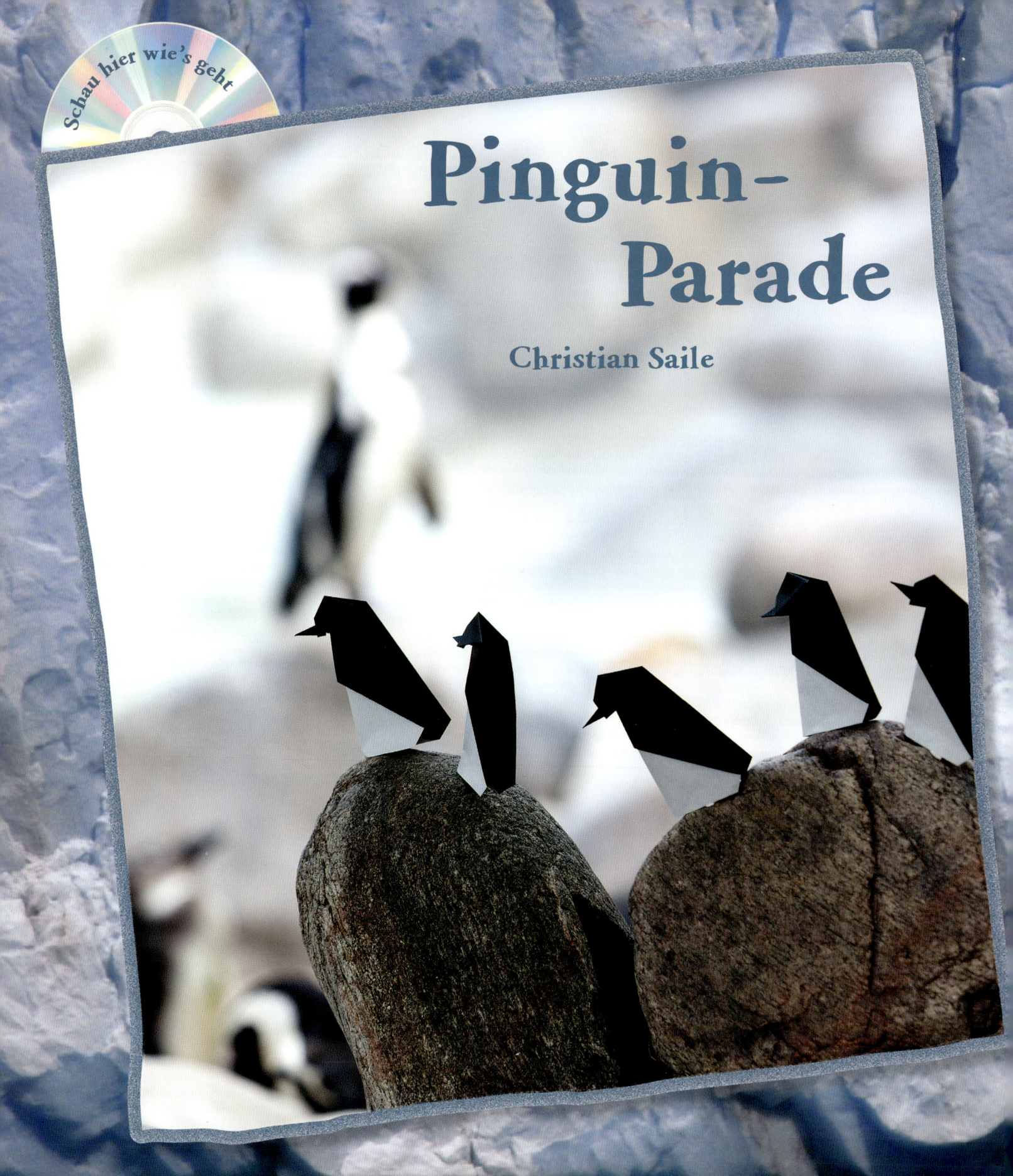

Pinguin-Parade

Christian Saile

Du brauchst

✓ Duocolor-Falt-papier in Schwarz-Weiß, 15 cm x 15 cm

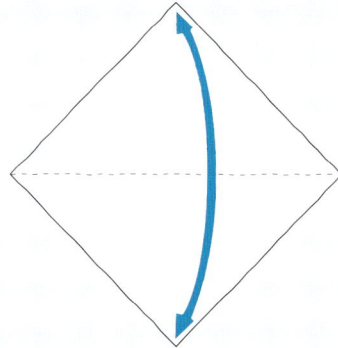

1 Lege das Papier mit der schwarzen Seite nach unten wie abgebildet vor dich hin. Dann faltest du die obere auf die untere Ecke und öffnest die Faltung wieder.

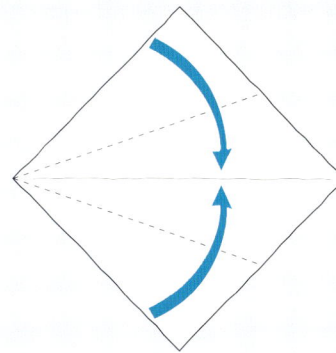

2 Im nächsten Schritt faltest du die linke obere und die linke untere Kante auf die Mittellinie.

3 Es entsteht eine Drachenform. Diese anschließend wieder öffnen.

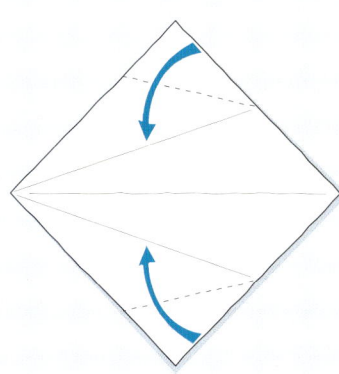

4 Nun faltest du die obere und die untere Ecke auf die Faltlinien, auf die die Pfeile zeigen.

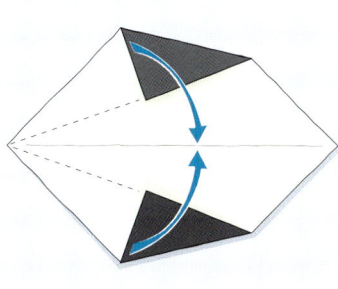

5 Falte alles wieder zur Drachenform zusammen.

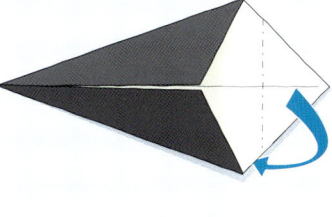
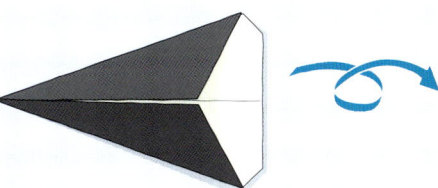

6 Falte die rechte Spitze an der markierten Linie nach hinten um. Die Figur wenden und um 90 Grad drehen.

7 Klappe die Figur zusammen, und zwar so, dass die umgefaltete Spitze innen liegt.

8 Dann faltest du die obere Spitze nach links vorne. Öffne die Spitze ein wenig und stülpe sie am vorgefalteten Knick nach außen.

9 Falte jetzt die Spitze nach rechts und im Anschluss wieder entlang der gestrichelten Linie nach links.

10 Für den Schnabel öffnest du diese Zickzackfaltung jetzt wieder, faltest sie am ersten Knick nach innen und am zweiten wieder nach außen. Jetzt ist dein Pinguin fertig.

Auf hoher See

Traditionelles Modell

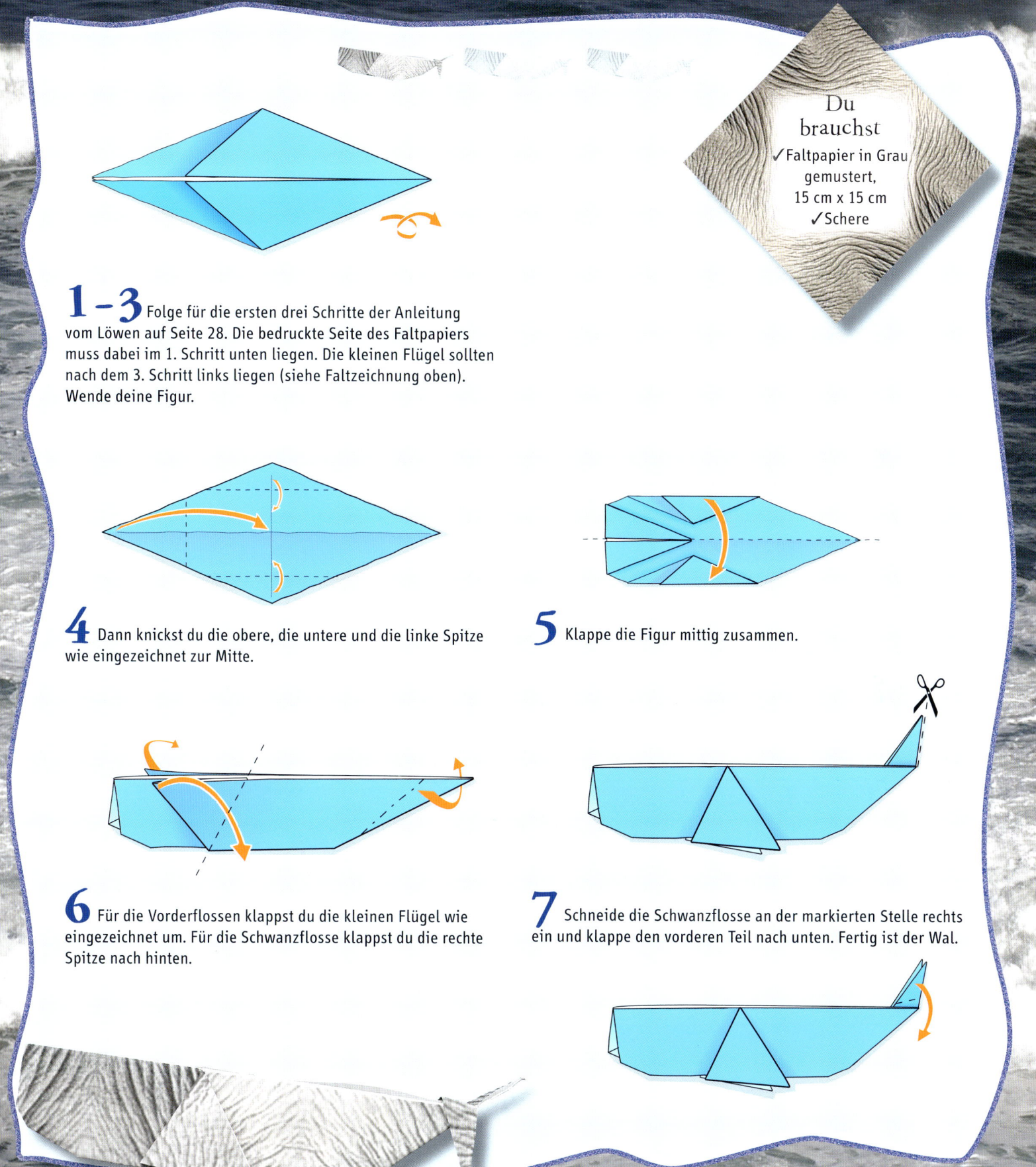

1–3 Folge für die ersten drei Schritte der Anleitung
vom Löwen auf Seite 28. Die bedruckte Seite des Faltpapiers
muss dabei im 1. Schritt unten liegen. Die kleinen Flügel sollten
nach dem 3. Schritt links liegen (siehe Faltzeichnung oben).
Wende deine Figur.

4 Dann knickst du die obere, die untere und die linke Spitze
wie eingezeichnet zur Mitte.

5 Klappe die Figur mittig zusammen.

6 Für die Vorderflossen klappst du die kleinen Flügel wie
eingezeichnet um. Für die Schwanzflosse klappst du die rechte
Spitze nach hinten.

7 Schneide die Schwanzflosse an der markierten Stelle rechts
ein und klappe den vorderen Teil nach unten. Fertig ist der Wal.

Vorsicht, gefräßiges Krokodil

Christian Saile

Christians Tipp

Das Krokodil kann sein Maul bewegen, drücke dafür einfach vorne drauf. Pass auf deine Finger auf, hi hi! Wusstest du übrigens, dass bei echten Krokodilen die Zähne alle zwei Jahre neu nachwachsen?

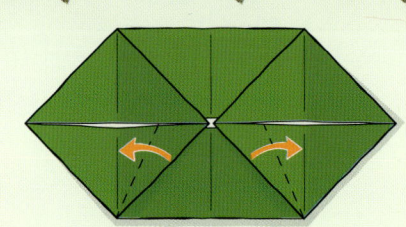

Du
brauchst
✓ Faltpapier in
Grüntönen,
1 x 15 cm x 15 cm und
1 x 15 cm x 7,5 cm

1–5 Folge den Schritten 1–5 vom Schwein auf Seite 66. Die gemusterte Seite des Papiers liegt dabei im ersten Schritt unten. Dein Faltmodell sieht dann so aus.

6 Nun knickst du die Laschen wie auf der Zeichnung gezeigt um.

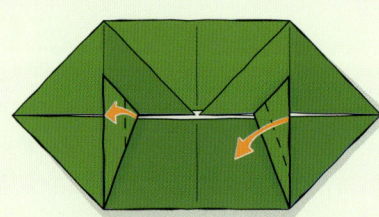

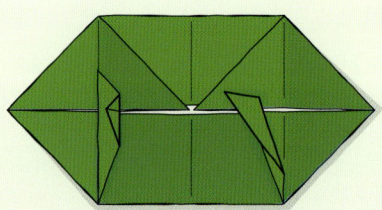

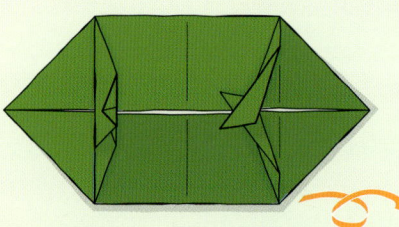

7 Rechts faltest du die Lasche ein wenig zurück. Links faltest du die kleine Spitze um.

8 Dein Faltmodell sieht jetzt so aus.

9 Diese Schritte auch oben wiederholen. Das werden die Füße deines Krokodils. Wende die Figur.

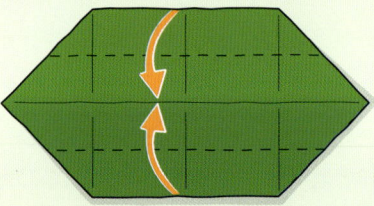

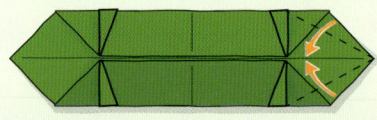

10 Falte jetzt die obere und die untere Kante zur Mittellinie.

11 Falte die Ecken auf der rechten Seite wie eingezeichnet Richtung Mittellinie.

12 Nun faltest du die linke Spitze nach rechts.

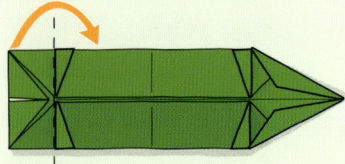

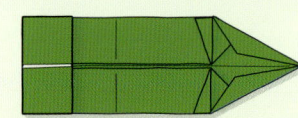

13 Falte die linke Seite noch mal anhand der Markierung nach rechts.

14 Das Ganze sieht dann so aus und bildet den Körper deines Krokodils.

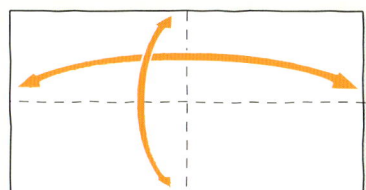

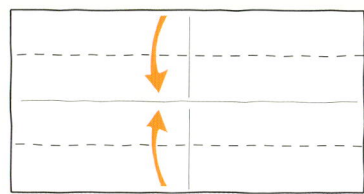

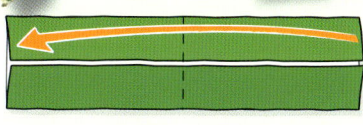

15 Für den Kopf nimmst du das kleinere (halbierte) Faltpapier, legst es mit der bedruckten Seite nach unten vor dich hin und faltest es über Kreuz. Die Faltungen wieder öffnen.

16 Jetzt faltest du die obere und untere Kante zur Mittellinie.

17 Dann klappst du den rechten (!) Teil auf den linken.

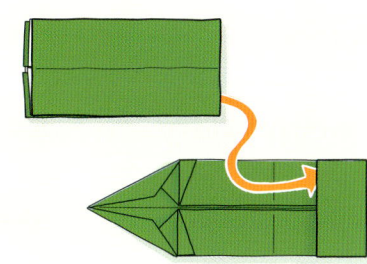

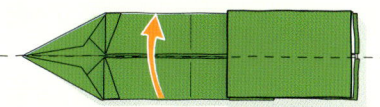

18 Das Ganze sieht jetzt so aus.

19 Schiebe das Kopfteil wie gezeigt in den Körper und falte es an der Kante nach rechts.

20 Klappe das Krokodil entlang der Mittellinie zusammen. Jetzt kannst du schon seine Füße und das angedeutete Maul erkennen.

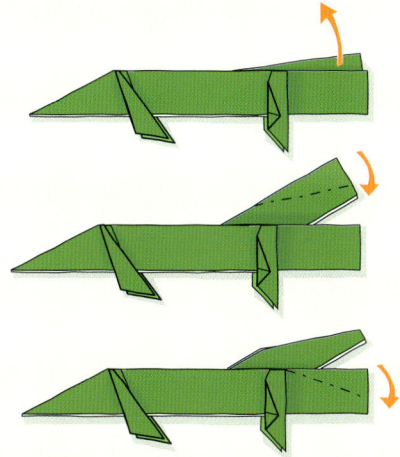

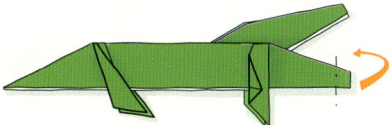

21 Ziehe den inneren Teil des Kopfes etwas nach oben und falte die oberen und unteren Ecken des Mauls nach innen.

22 Im Anschluss faltest du den Unterkiefer vorne ein wenig nach innen, damit er nicht länger als der Oberkiefer ist.

23 Zum Schluss knickst du nur noch die Füße nach außen, damit dein Krokodil auch stehen kann.

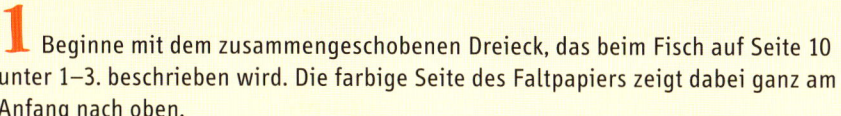

1 Beginne mit dem zusammengeschobenen Dreieck, das beim Fisch auf Seite 10 unter 1–3. beschrieben wird. Die farbige Seite des Faltpapiers zeigt dabei ganz am Anfang nach oben.

Du brauchst
✓ Faltpapier in Weiß-Orange-Grün, 15 cm x 15 cm

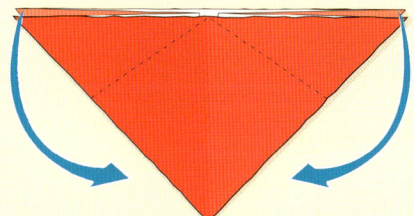

2 Falte die rechte und linke Spitze der oberen Lage wie eingezeichnet schräg nach unten.

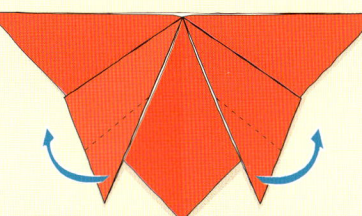
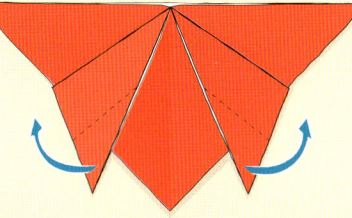

3 Nun faltest du die Spitzen an den markierten Strichlinien wieder nach oben.

4 Falte die oberen Spitzen links und rechts – also die der unteren Lage – nach unten.

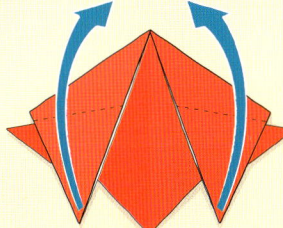

5 Danach faltest du auch diese wieder schräg nach oben.

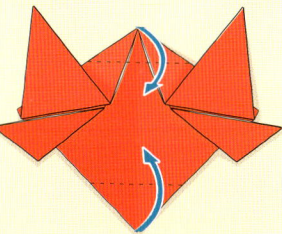

6 Jetzt musst du die obere und untere Spitze Richtung Mitte falten.

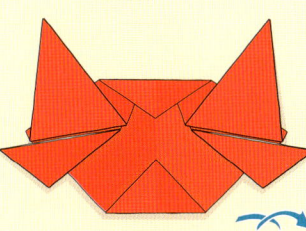

7 Wende die Figur.

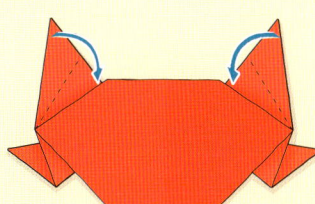

8 Nun musst du nur noch die oberen Spitzen wie eingezeichnet zum Kopf hin falten, damit deine Krabbe auch richtig schöne Scheren bekommt.

Seelöwen live

Christian Saile

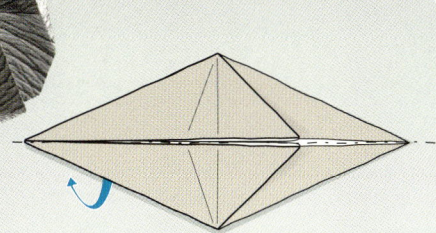

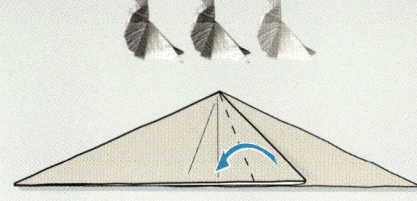

Du
brauchst
✓ Faltpapier in Grau
gemustert,
15 cm x 15 cm

1–3 Folge für die ersten drei Schritte der Anleitung 1–3 vom Löwen auf Seite 28. Die bedruckte Seite des Faltpapiers muss dabei im 1. Schritt unten liegen. Die kleinen Flügel sollten nach dem 3. Schritt rechts liegen. Klappe die Figur mittig zusammen.

4 Falte die kleinen „Flügel" vorne und auf der Rückseite zur Mitte.

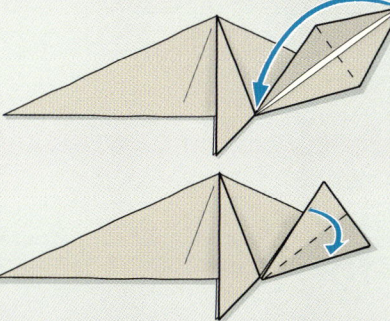

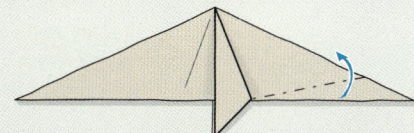

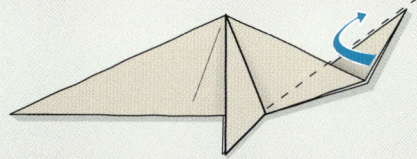

5 Falte die rechte Spitze vor und lege sie anschließend im Gegenknick nach innen.

6 Klappe die rechte Spitze auf.

7 Dann faltest du die obere Spitze nach unten und klappst das Ganze wieder zu.

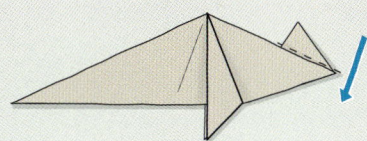

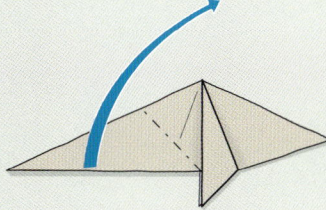

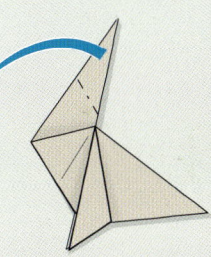

8 Falte die überstehende kleine Ecke nach innen.

9 Dann faltest du die linke Spitze wie eingezeichnet nach oben vor und legst sie im Gegenknick nach innen.

10 Das Ganze sieht jetzt so aus. Falte die obere Spitze vor und lege auch diese im Gegenknick nach innen.

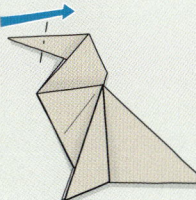

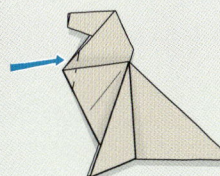

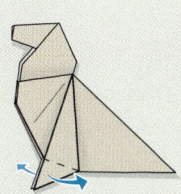

11 Die kleine Spitze, die jetzt nach links zeigt, mittels einer Bergfalte nach innen legen.

12 Falte die Ecken an der Brust nach innen.

13 Zum Schluss musst du nur noch die Vorderflossen nach außen falten – fertig!

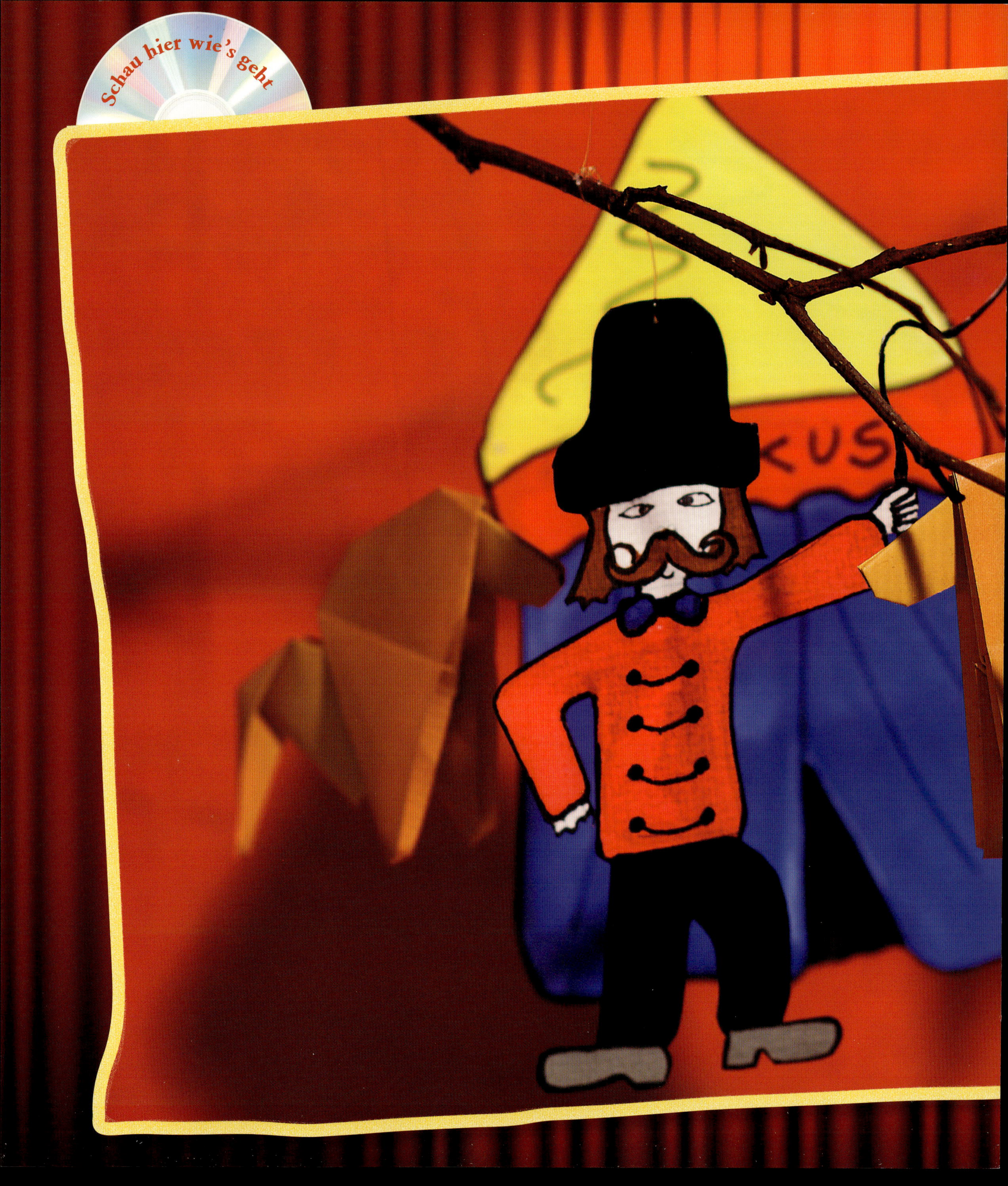
Schau hier wie's geht

Manege frei!

Christian Saile

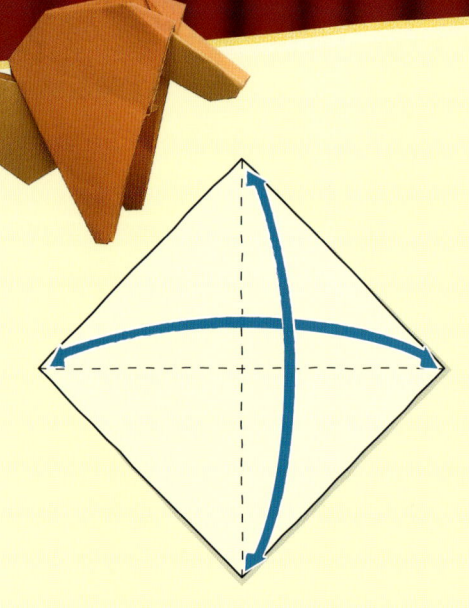

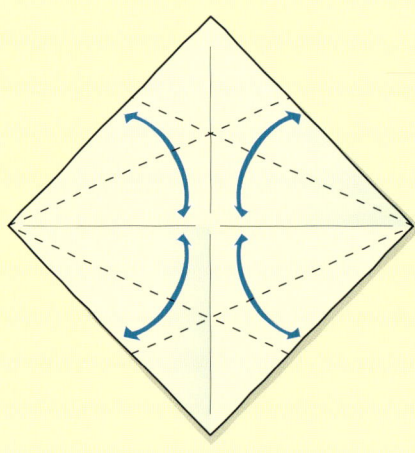

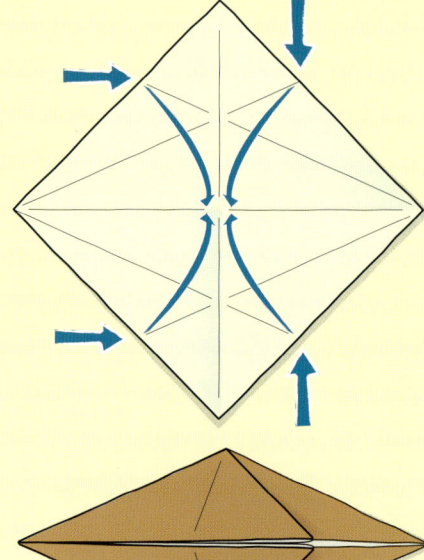

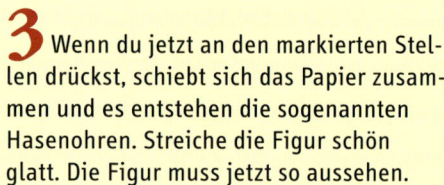

1 Lege das Papier wie abgebildet mit der ockerfarbenen Seite (die spätere Mähnenfarbe) nach unten vor dich hin und falte zuerst die obere Spitze auf die untere. Diese Faltung wieder öffnen, dann die rechte Spitze auf die linke falten und diese Faltung ebenfalls wieder öffnen.

2 Falte dann jede Papierkante zur waagerechten Mittellinie und öffne alle Faltungen wieder.

3 Wenn du jetzt an den markierten Stellen drückst, schiebt sich das Papier zusammen und es entstehen die sogenannten Hasenohren. Streiche die Figur schön glatt. Die Figur muss jetzt so aussehen.

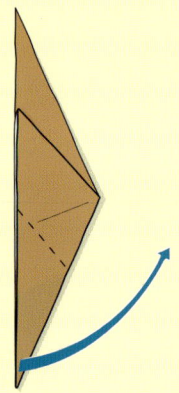

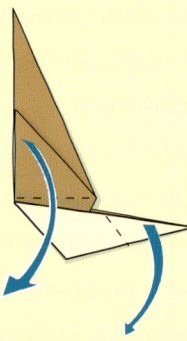

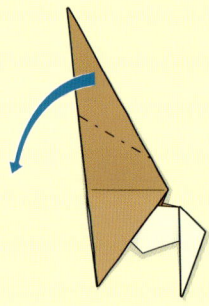

4 Klappe die Figur zusammen, die kleinen „Flügel" zeigen nach oben. Falte an der markierten Linie nach vorne, öffne die Figur ein wenig an der obersten Lage dieser Seite und stülpe die Spitze nach rechts. Falls dir das zu schwierig erscheint, zeige ich es dir auch auf DVD.

5 Falte die Figur wieder an der markierten rechten Linie vor und stülpe auch diese Spitze nach außen. Lege die kleinen Flügel vorne und hinten nach unten.

6 Dann faltest du die Figur an der großen Spitze vor und legst diese im Gegenknick nach innen. Auch hier musst du die Spitze an der obersten Lage etwas öffnen.

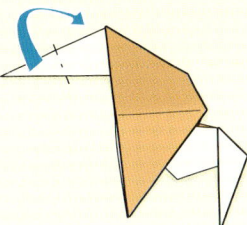 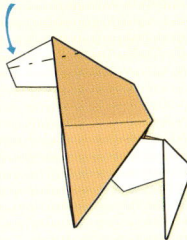

7 Das Ganze sieht jetzt so aus. Falte im Anschluss die linke Spitze als Bergfalte nach innen.

8 Falte die oberen Kanten am Kopf sowohl auf der Vorder- wie auch auf der Rückseite nach innen.

Du brauchst

✓ Duocolor-Faltpapier in Ocker-Orange, 15 cm x 15 cm

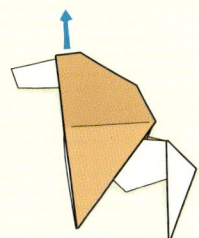 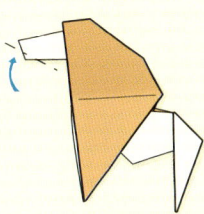 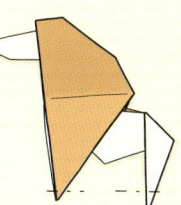

9 Ziehe vorne die Mähne wieder ein kleines bisschen heraus und streiche alles schön flach.

10 Für das Maul musst du die kleine Ecke unten am Kopf nach innen drücken.

11 Zum Schluss faltest du nur noch die kleinen Spitzen unten an den Beinen nach innen, damit dein Löwe gut stehen kann – fertig!

Christians Tipp

Als ich das letzte Mal im Zirkus war, gab es dort eine Raubtiershow. So eine wollte ich zuhause auch haben, deshalb habe ich sie mir gebastelt. Du findest bestimmt auch irgendwo einen Ast, damit du die Löwen in die Kulisse hängen kannst wie ich.

Schau hier wie's geht

Auf Safari

Christian Saile

1–5 Folge für den Anfang den Schritten 1–5 von der Giraffe auf Seite 37. Die gemusterte Papierseite liegt dabei für den 1. Schritt unten.

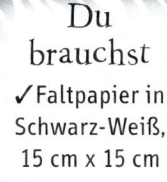
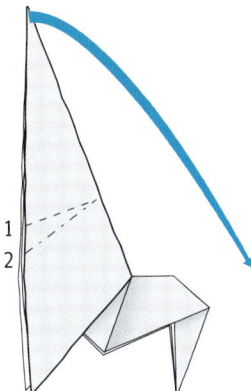

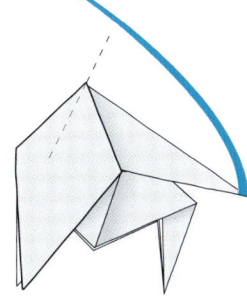

6 Falte die obere Spitze vor, und zwar an der mit 1 markierten Linie mit einer Tal- und an der mit 2 markierten Linie mit einer Bergfalte. Danach legst du die Spitze entlang der Linie 2 im Gegenknick nach rechts.

7 Falte die Spitze dann an der vorgefalteten Linie 1 wieder zurück. Diese Faltung nennt man auch Knitterfalte.

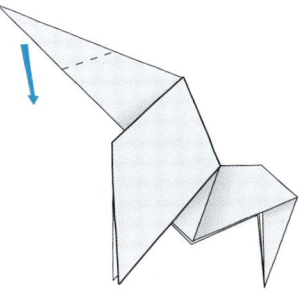

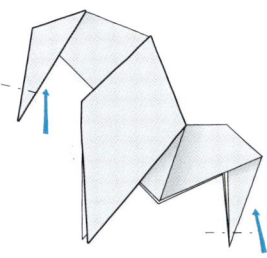

8 Falte die obere Spitze vor und stülpe sie nach außen.

9 Falte sowohl die kleine Spitze oben beim Kopf als auch jene unten am Hinterbein nach innen.

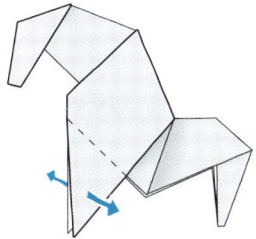

10 Zum Schluss musst du nur noch die Vorderbeine leicht nach außen falten, damit dein Zebra besser stehen kann – fertig!

Affenstark

Christian Saile

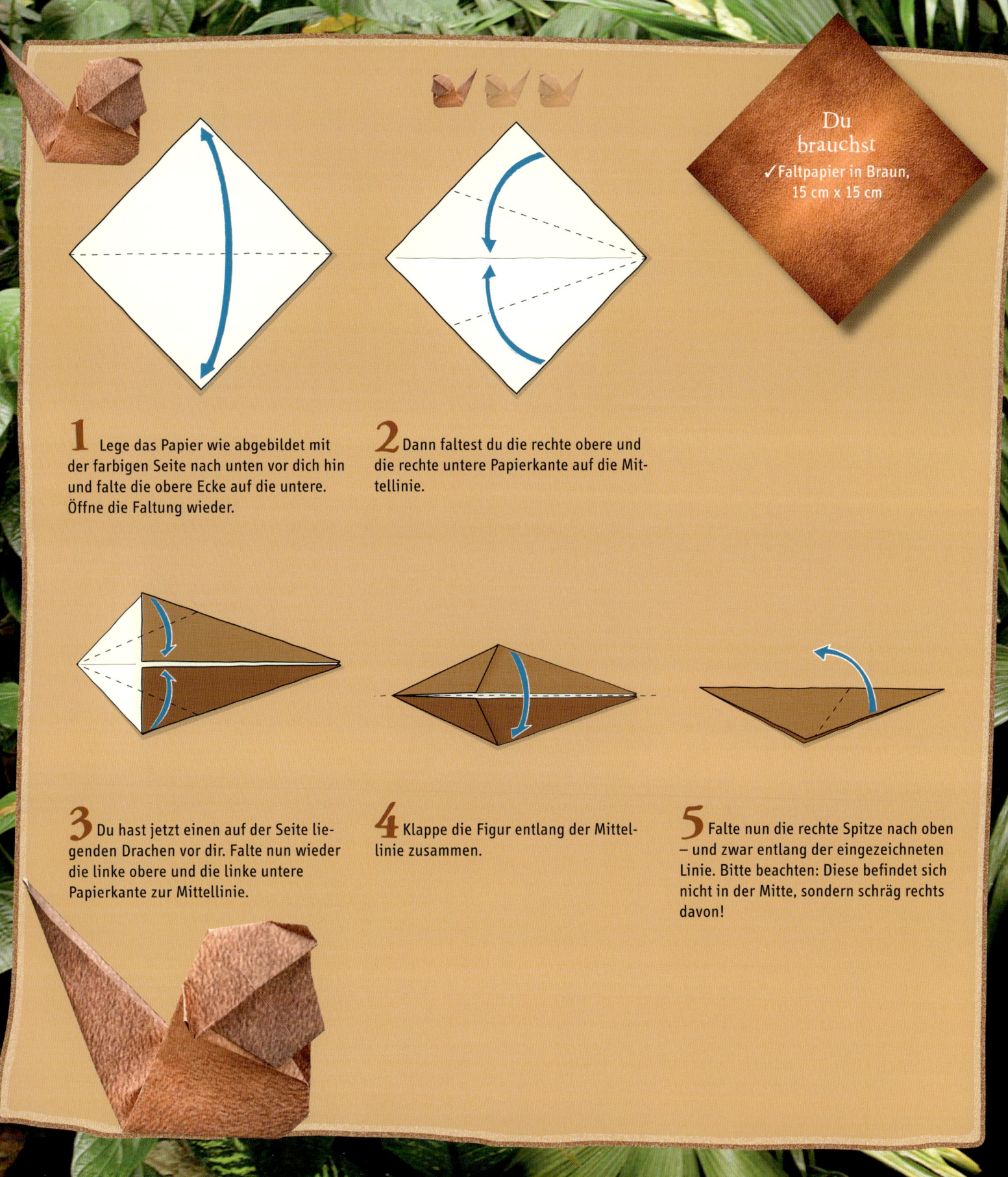

1 Lege das Papier wie abgebildet mit der farbigen Seite nach unten vor dich hin und falte die obere Ecke auf die untere. Öffne die Faltung wieder.

2 Dann faltest du die rechte obere und die rechte untere Papierkante auf die Mittellinie.

3 Du hast jetzt einen auf der Seite liegenden Drachen vor dir. Falte nun wieder die linke obere und die linke untere Papierkante zur Mittellinie.

4 Klappe die Figur entlang der Mittellinie zusammen.

5 Falte nun die rechte Spitze nach oben – und zwar entlang der eingezeichneten Linie. Bitte beachten: Diese befindet sich nicht in der Mitte, sondern schräg rechts davon!

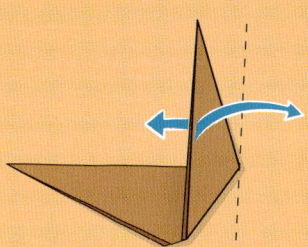

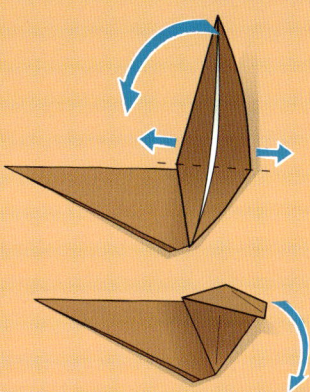

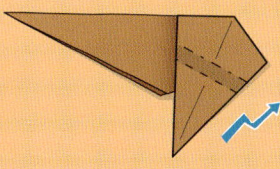

6 Deine Faltfigur sieht jetzt so aus.

7 Öffne die rechte Spitze, die du gerade nach oben gefaltet hast, und drücke sie von oben so nach unten, dass aus ihr eine Drachenform entsteht.

8 Falte die Spitze an der oberen Linie nach hinten und an der unteren Linie nach vorne. So entsteht ein Zickzack-Knick.

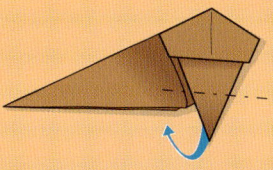

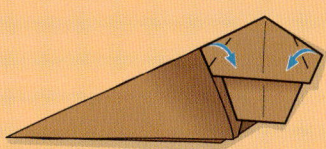

9 Falte jetzt die kleine Spitze unten nach hinten.

10 Für die Ohren musst du nun die eingezeichneten kleinen Ecken links und rechts nach vorne falten.

11 Für die Fertigstellung faltest du die linke Spitze nach hinten. Das ist der Schwanz, auf dem dein Affe auch stehen kann.

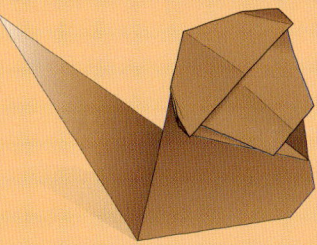

12 So sieht dein fertiger Affe aus.

Schau hier wie's geht

Savannen-
bewohner

Christian Saile

Christians Tipp

Wusstest du, dass eine echte Giraffe bis zu 6 m hoch wird, 55 km/h schnell laufen kann und eine blaugraue Zunge hat?

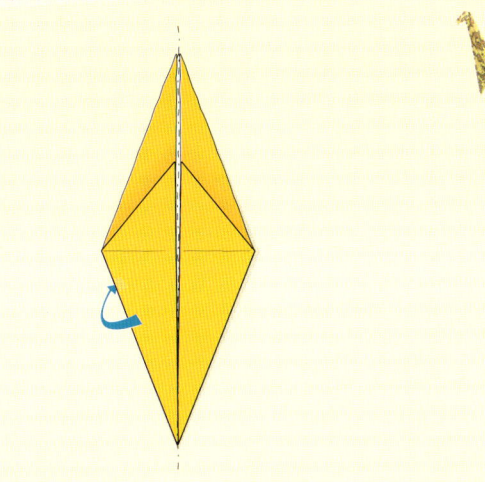

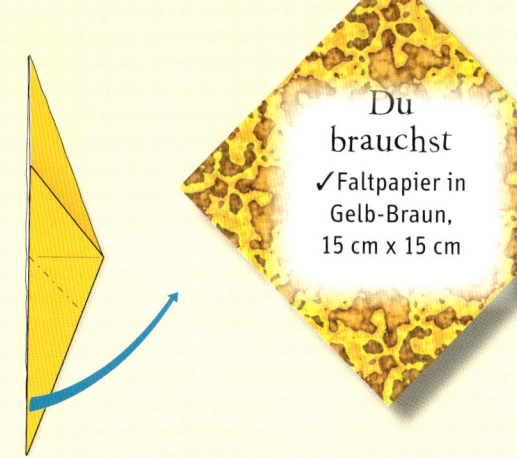

Du brauchst
✓ Faltpapier in Gelb-Braun, 15 cm x 15 cm

1–3 Folge für die ersten drei Schritte der Anleitung 1-3 vom Löwen auf Seite 28. Die bedruckte Seite des Papiers liegt dabei anfänglich unten. Lege die Figur dann senkrecht vor dich hin, die kleinen „Flügel" zeigen nach oben. Klappe die Figur in der Mitte zusammen.

4 Falte die untere Spitze an der Linie im Gegenknick nach innen.

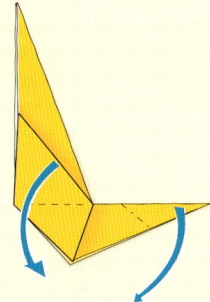

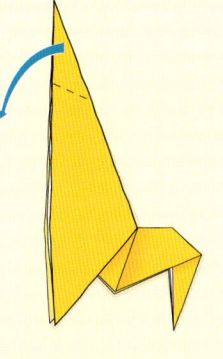

5 Im nächsten Schritt faltest du diese Spitze – wieder im Gegenknick – nach unten und innen. Lege außerdem die „Flügel" nach unten, und zwar sowohl auf der Vorder- als auch auf der Rückseite.

6 Jetzt stülpst du die obere Spitze nach außen.

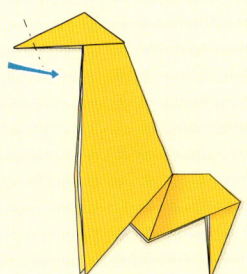

7 Falte die kleine Spitze nach innen, so entsteht der Kopf deiner Giraffe.

8 Damit deine Giraffe einen schönen, schlanken Hals bekommt, musst du jetzt nur noch die rechte Längsseite mittels einer Bergfalte auf der Vorder- und Rückseite nach innen falten. Nun noch die kleine Spitze der Hinterbeine nach innen falten – fertig!

Wer hat Angst vor Schlangen?

Christian Saile

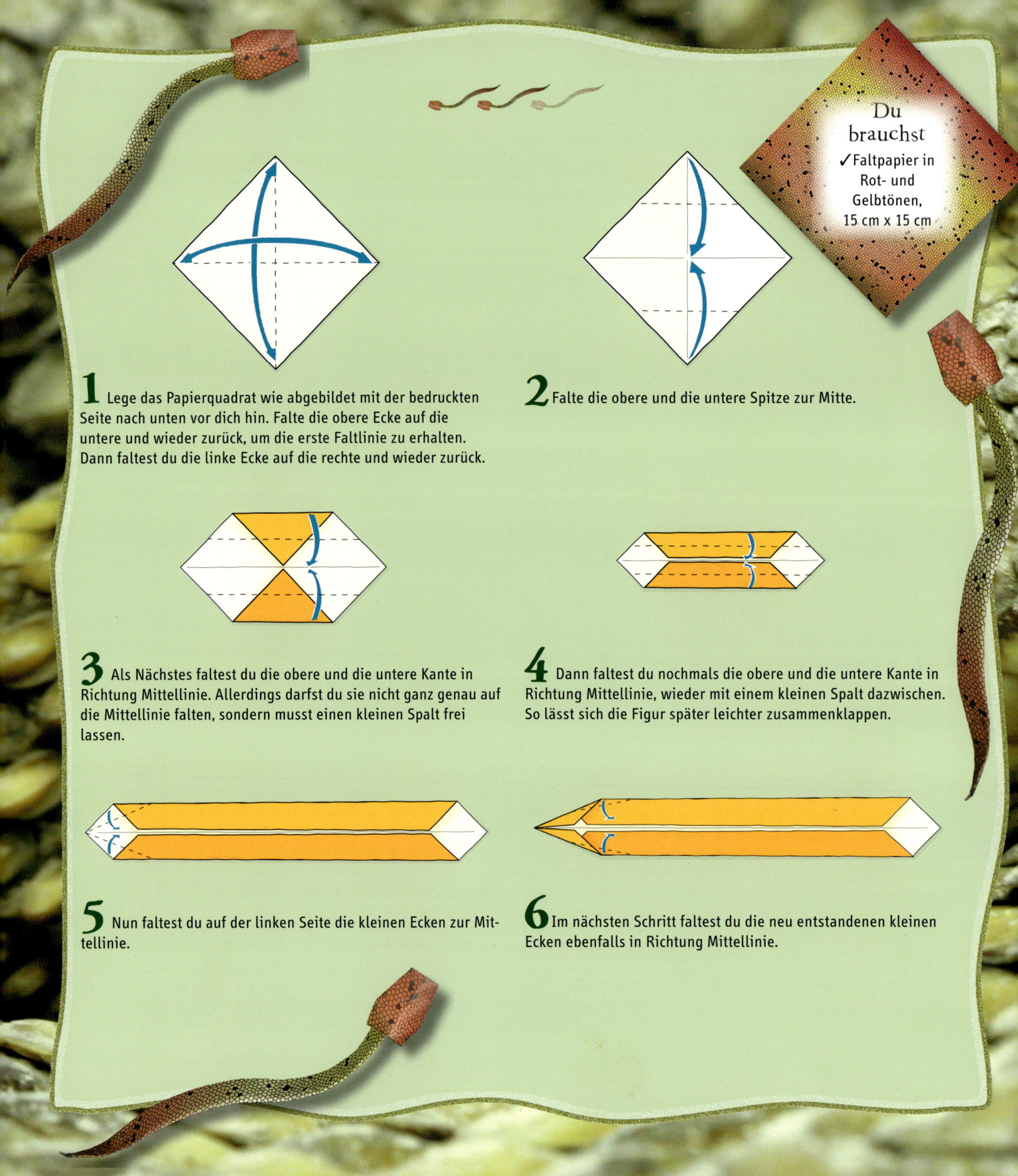

Du
brauchst
✓ Faltpapier in
Rot- und
Gelbtönen,
15 cm x 15 cm

1 Lege das Papierquadrat wie abgebildet mit der bedruckten Seite nach unten vor dich hin. Falte die obere Ecke auf die untere und wieder zurück, um die erste Faltlinie zu erhalten. Dann faltest du die linke Ecke auf die rechte und wieder zurück.

2 Falte die obere und die untere Spitze zur Mitte.

3 Als Nächstes faltest du die obere und die untere Kante in Richtung Mittellinie. Allerdings darfst du sie nicht ganz genau auf die Mittellinie falten, sondern musst einen kleinen Spalt frei lassen.

4 Dann faltest du nochmals die obere und die untere Kante in Richtung Mittellinie, wieder mit einem kleinen Spalt dazwischen. So lässt sich die Figur später leichter zusammenklappen.

5 Nun faltest du auf der linken Seite die kleinen Ecken zur Mittellinie.

6 Im nächsten Schritt faltest du die neu entstandenen kleinen Ecken ebenfalls in Richtung Mittellinie.

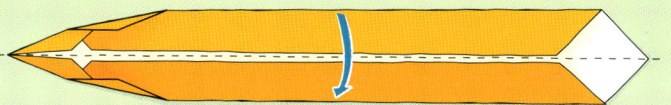

7 Klappe im Anschluss die Figur entlang der Mittellinie zusammen.

8 Falte die rechte Seite wie gezeigt schräg nach links oben.

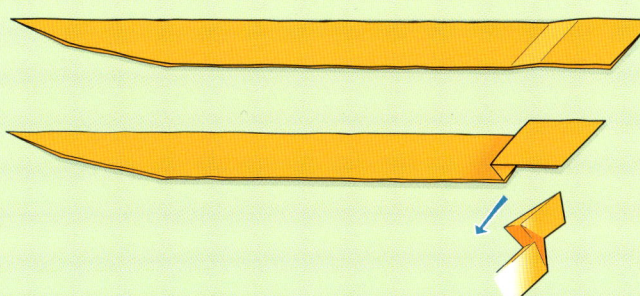

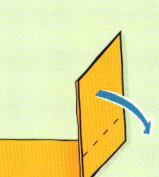

9 Dann faltest du sie entlang der gestrichelten Linie wieder zurück. Öffne die beiden letzten Faltungen wieder.

10 Mache an den zwei vorhandenen Falten Gegenbrüche im Zickzack.

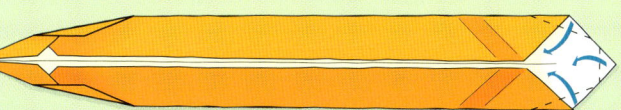

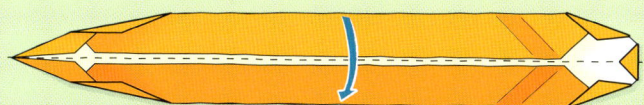

11 Jetzt öffnest du die Figur wieder und faltest auf der rechten Seite die markierten kleinen Ecken nach innen.

12 Klappe die Figur wieder zusammen.

Christians Tipp

Willst du jemanden mit einer Schlange erschrecken? Dann falte sie aus einem großen Bogen Geschenkpapier. Bei meiner Mama hat es funktioniert ...

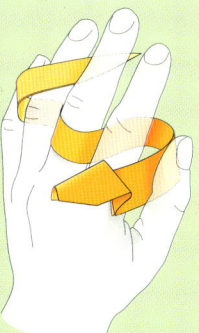

13 Zur Fertigstellung fährst du über die zusammengeklappte Schlange, sodass sie schön glatt wird. Dabei lässt du allerdings den Kopf aus. Dann wickelst du sie um den Finger, so bekommt sie ihre Wellenform. Den Kopf formst du mithilfe der beiden Knicklinien aus und drückst ihn leicht nach unten.

Dickhäuter-Alarm

Christian Saile

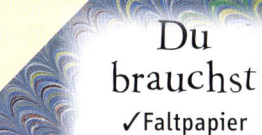

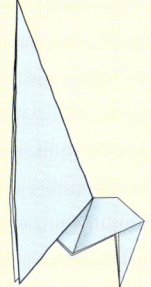

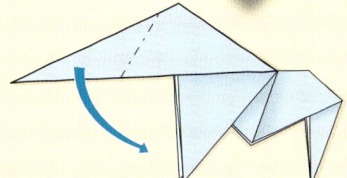

1–5 Folge für den Anfang den Schritten 1–5 der Giraffe auf Seite 37. Die gemusterte Papierseite liegt dabei für den 1. Schritt unten. Die Figur sieht nun so aus.

6 Jetzt faltest du die obere Spitze waagerecht nach links vor und stülpst sie im Gegenknick nach außen.

7 Dann faltest du die Spitze senkrecht nach unten vor und legst sie im Gegenknick – also als Bergfalte – nach innen.

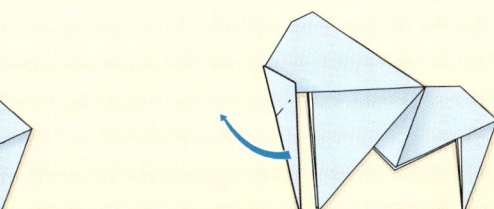

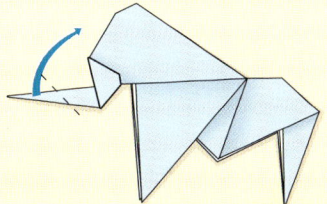

8 Damit der Rüssel schön schmal wird, faltest du ihn sowohl auf der Vorder- als auch auf der Rückseite um.

9 Falte den Rüssel nach links vor und dann an diesem Knick nach innen. Das ist ein bisschen knifflig, ich erkläre es dir aber auch auf der beiliegenden DVD.

10 Falte den Rüssel vorne wieder vor und stülpe ihn im Gegenknick nach außen.

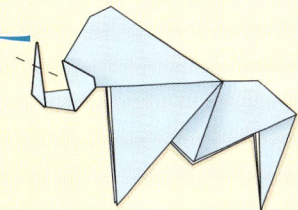

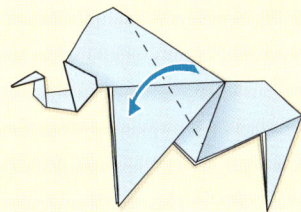

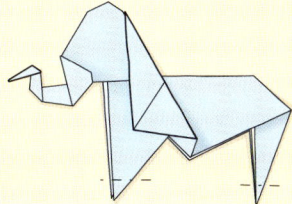

11 Mache das jetzt noch mal, dann ist der Rüssel geschafft!

12 Falte die Ohren auf der Vorder- und Rückseite nach vorne.

13 Zum Schluss faltest du nur noch die Fußspitzen der Vorder- und Hinterfüße nach innen, damit der Elefant die für ihn typischen dicken Beine bekommt.

Schau hier wie's geht

Christians Tipp

Wenn du den Kolibri an einem Schaschlikstäbchen befestigst und diesen dann in einen Blumentopf steckst, sieht der Kolibri fast wie echt aus und flattert lustig zwischen den Pflanzen auf der Fensterbank herum.

Mmh, Blütennektar

Christian Saile

1 – 11 Hier ist die sogenannte Vogelgrundform die Ausgangsbasis. Folge hierfür den Faltschritten 1–11 von der Libelle auf Seite 53. Die bedruckte Seite zeigt dabei anfänglich nach unten.

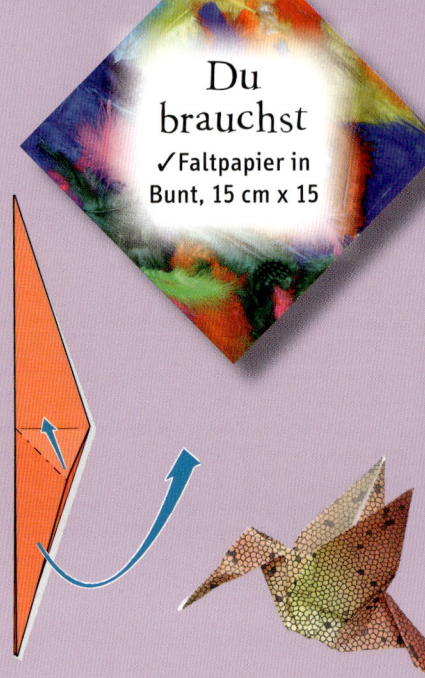

Du brauchst
✓ Faltpapier in Bunt, 15 cm x 15

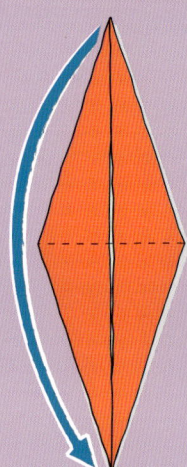

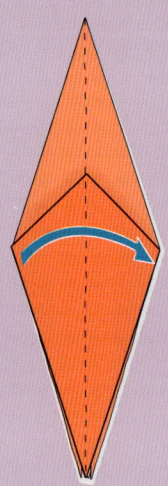

12 Falte die obere Spitze der oberen Lage nach unten.

13 Im Anschluss faltest du die komplette linke Seite nach rechts.

14 Ziehe die untere Spitze der oberen Lage an der markierten Linie hoch und drücke sie flach. An der markierten Stelle entsteht hier eine Bergfalte. Diesen Faltschritt auf der Rückseite wiederholen. Die nächsten Schritte sind etwas knifflig, ich erkläre sie dir aber auch auf der beiliegenden DVD.

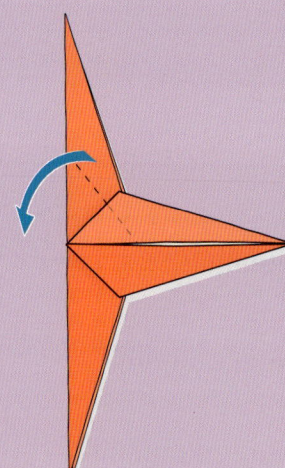

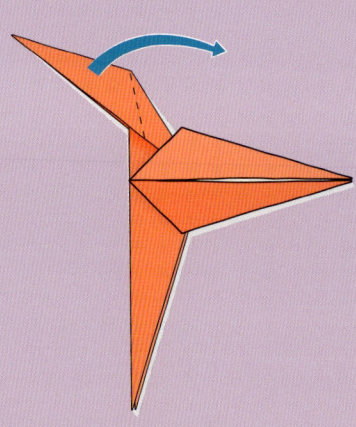

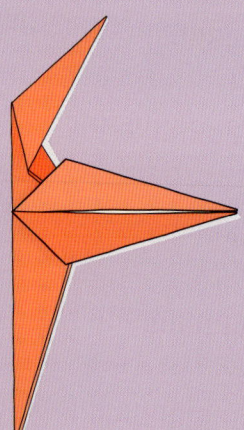

15 Das Ganze sieht jetzt so aus. Falte nun die obere Spitze nach links unten. Hebe dafür den rechten Flügel etwas an.

16 Nun faltest du sie an der markierten Linie wieder zurück.

17 Öffne die Faltung wieder und stülpe die Spitze im Gegenknick nach (links) außen. Danach am zweiten Knick nochmals im Gegenknick nach (rechts) außen falten.

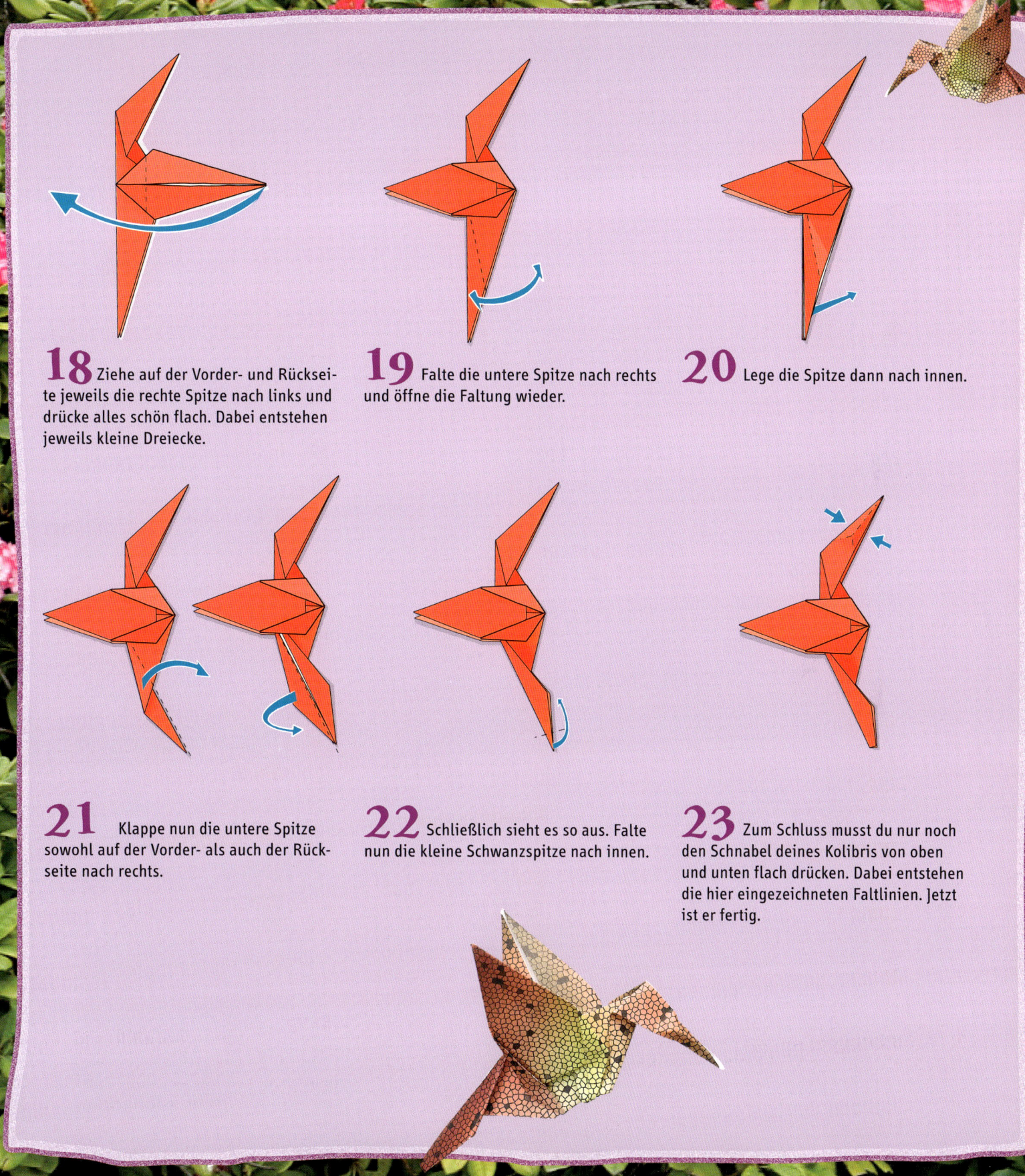

18 Ziehe auf der Vorder- und Rückseite jeweils die rechte Spitze nach links und drücke alles schön flach. Dabei entstehen jeweils kleine Dreiecke.

19 Falte die untere Spitze nach rechts und öffne die Faltung wieder.

20 Lege die Spitze dann nach innen.

21 Klappe nun die untere Spitze sowohl auf der Vorder- als auch der Rückseite nach rechts.

22 Schließlich sieht es so aus. Falte nun die kleine Schwanzspitze nach innen.

23 Zum Schluss musst du nur noch den Schnabel deines Kolibris von oben und unten flach drücken. Dabei entstehen die hier eingezeichneten Faltlinien. Jetzt ist er fertig.

Flatterhaft

Christian Saile

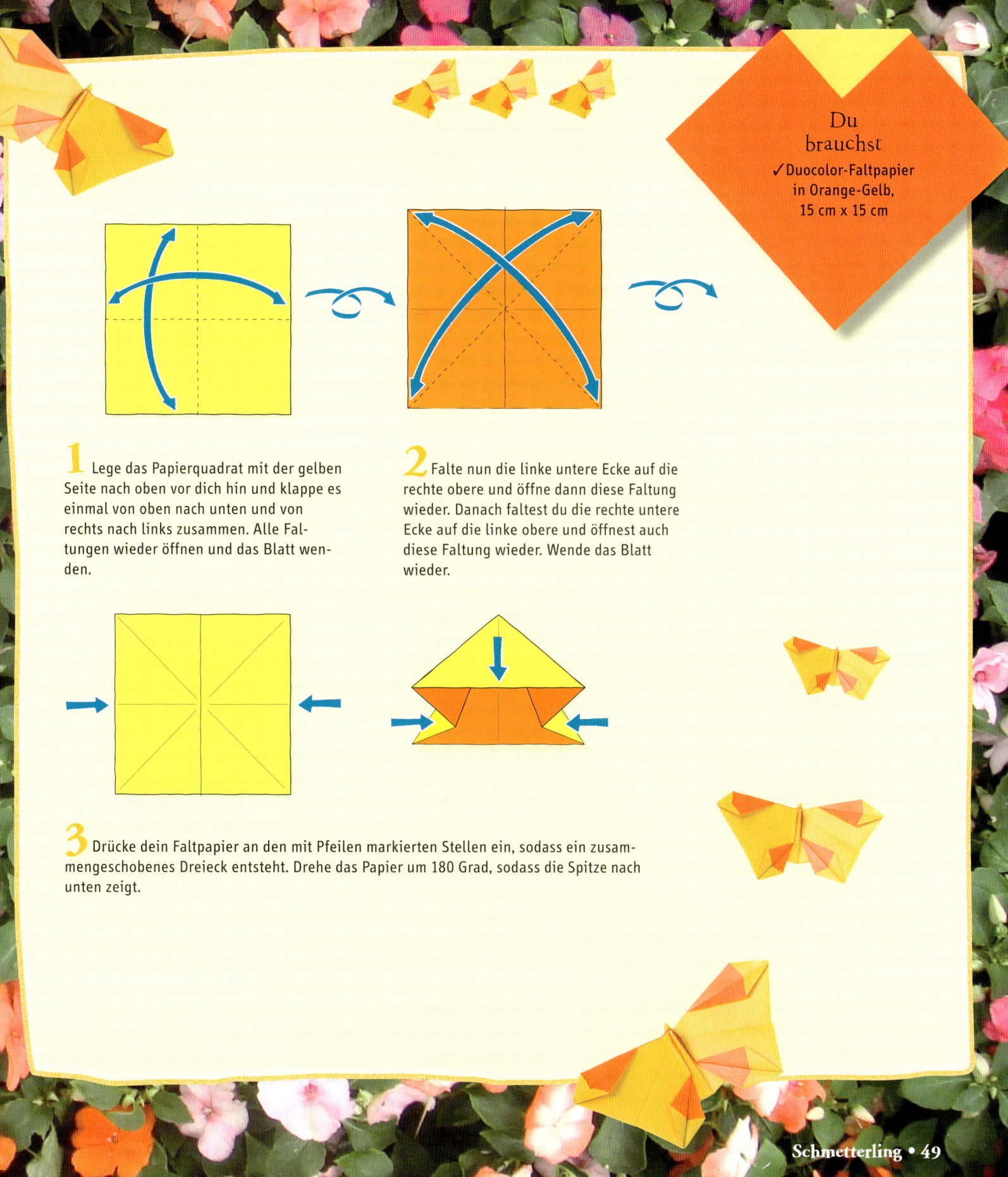

1 Lege das Papierquadrat mit der gelben Seite nach oben vor dich hin und klappe es einmal von oben nach unten und von rechts nach links zusammen. Alle Faltungen wieder öffnen und das Blatt wenden.

2 Falte nun die linke untere Ecke auf die rechte obere und öffne dann diese Faltung wieder. Danach faltest du die rechte untere Ecke auf die linke obere und öffnest auch diese Faltung wieder. Wende das Blatt wieder.

3 Drücke dein Faltpapier an den mit Pfeilen markierten Stellen ein, sodass ein zusammengeschobenes Dreieck entsteht. Drehe das Papier um 180 Grad, sodass die Spitze nach unten zeigt.

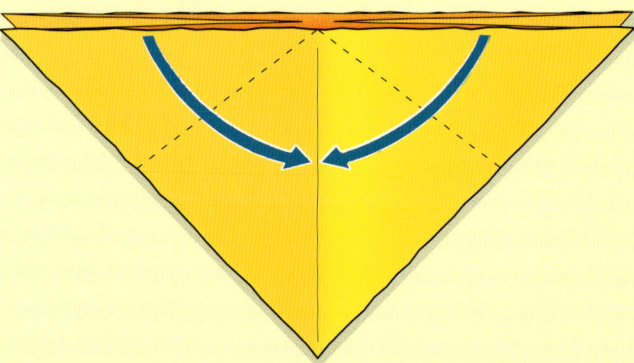

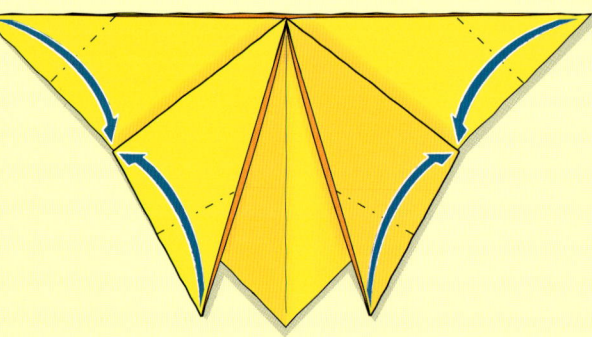

4 Falte die linke und rechte Spitze der oberen Lage wie eingezeichnet schräg nach unten. Die Spitzen sollen dabei über den Rand stehen.

5 Falte die markierten Ecken zunächst vor und lege sie dann nach innen.

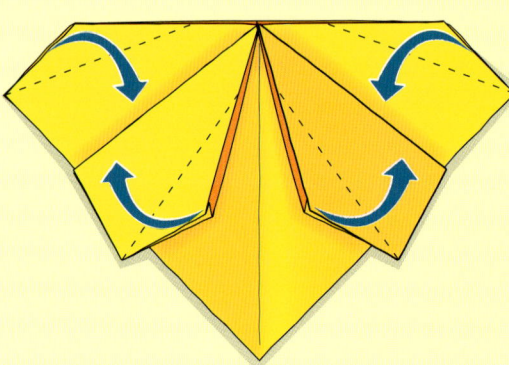

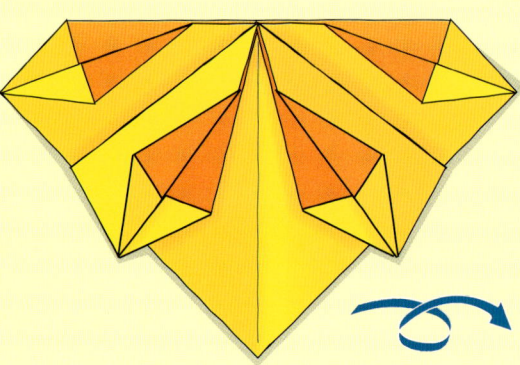

6 Klappe jetzt die kleinen Ecken schräg auf.

7 Deine Faltfigur sieht jetzt so aus. Wende sie.

Christians Tipp

Es sieht besonders hübsch aus, wenn du die Schmetterlinge in verschiedenen Größen aus Transparentpapier faltest und damit im Frühling dein Fenster dekorierst.

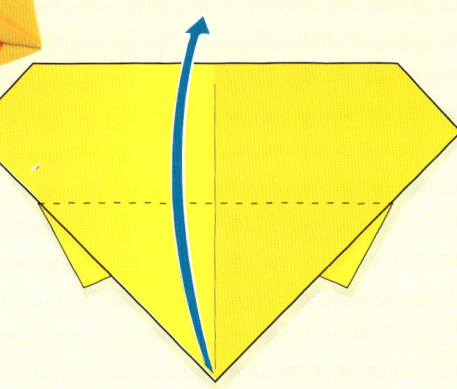

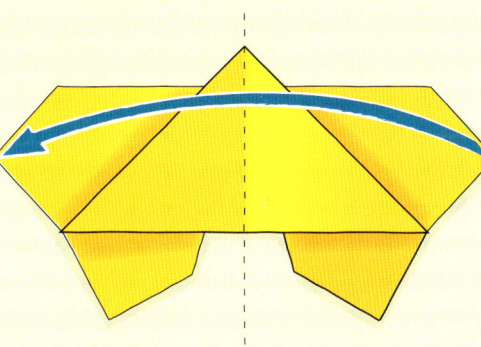

8 Falte nun die untere Spitze ein klein wenig über die obere Kante ...

9 ... und klappe deine Figur mittig zusammen.

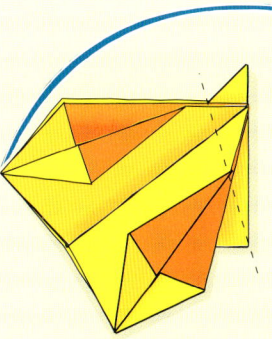

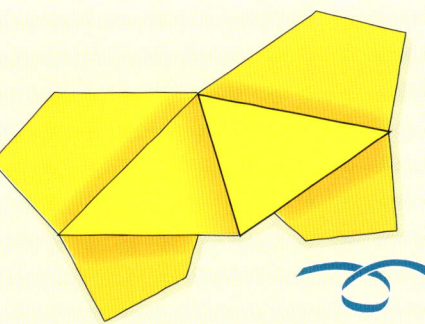

10 Jetzt legst du den Schmetterling wie abgebildet vor dich hin und klappst dann den oberen Flügel an der Markierung nach rechts.

11 Das Ganze sieht dann so aus. Wende die Figur.

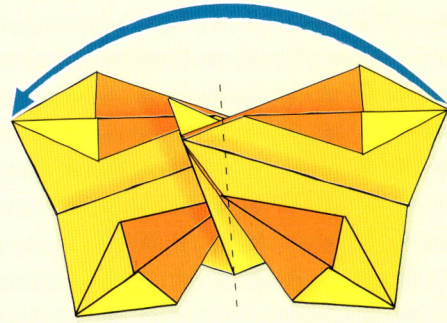

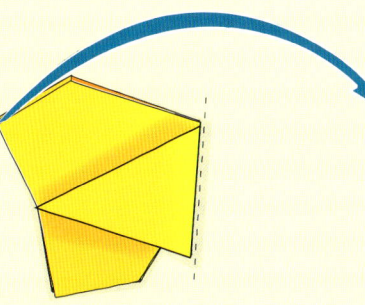

12 Falte nun den rechten Flügel entlang der eingezeichneten gestrichelten Linie nach links.

13 Jetzt sieht dein Schmetterling zusammengeklappt so aus. Wenn du ihn nun wieder öffnest, ist er fertig. Gratuliere!

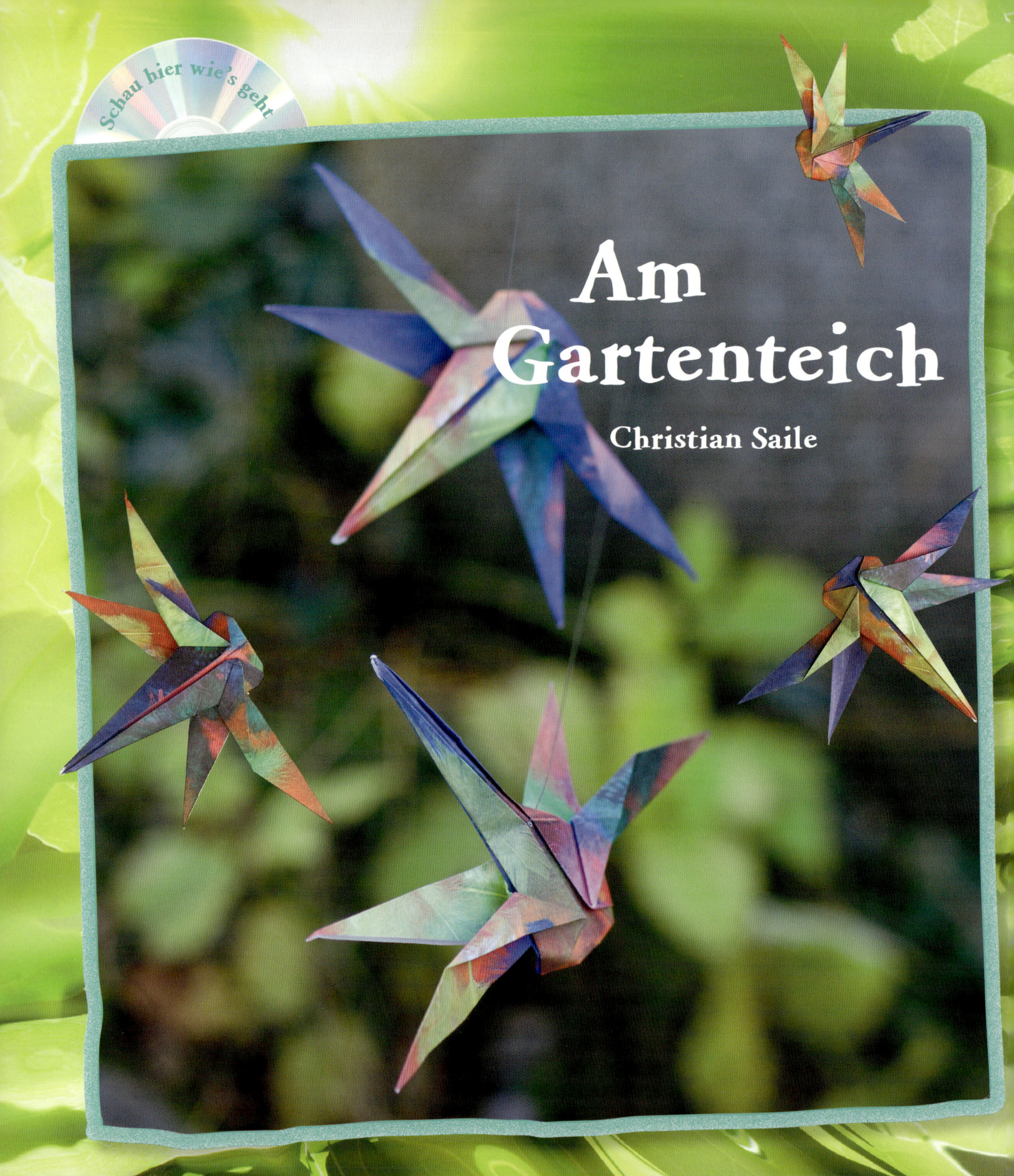

Am Gartenteich

Christian Saile

Schau hier wie's geht

1–2 Folge hierfür den Schritten 3–4 der Katze von Seite 77.

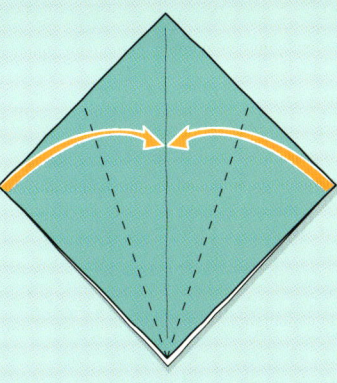

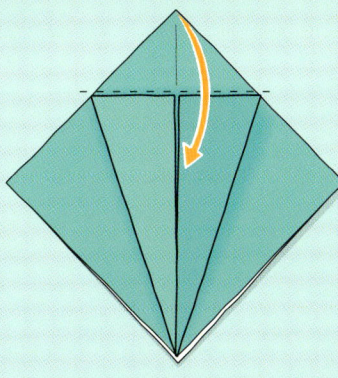

3 Falte die untere rechte und linke Papierkante zur senkrechten Mittellinie, sodass sich die beiden Kanten dort berühren.

4 Nun faltest du die Spitze oben an der Markierung nach unten.

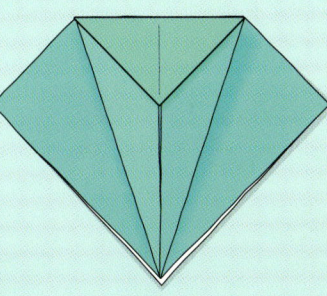

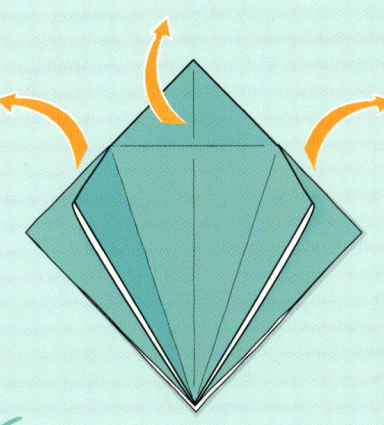

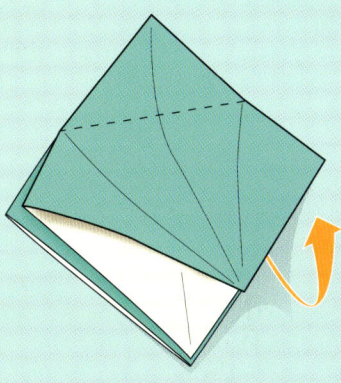

5 So sieht deine Faltarbeit jetzt aus.

6 Öffne die letzten Faltungen wieder ...

7 ... und klappe auf der offenen Seite die oberste Lage, wie abgebildet, soweit wie möglich nach oben auf.

8 Die darunterliegende Spitze bleibt unten und die Seitenkanten werden nun nach innen auf die senkrechte Mittellinie gedrückt.

9 Streiche die Papierkanten glatt, damit deine Faltarbeit wie hier abgebildet aussieht. Wiederhole die Schritte 3–9 auf der Rückseite.

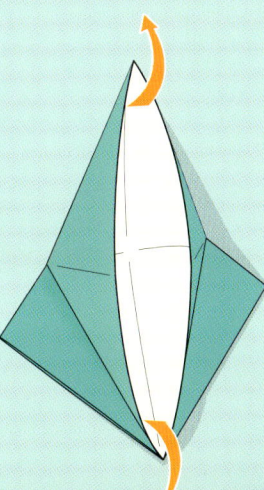

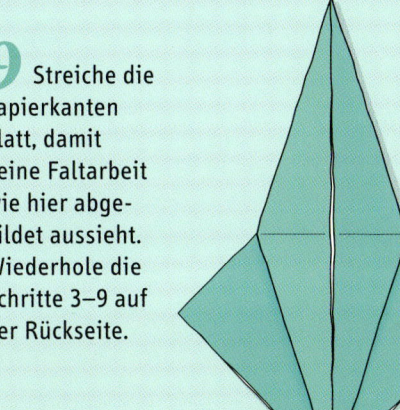

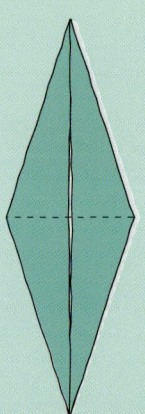

10 Jetzt sieht deine Faltung so aus. Diese Form wird auch „Vogelgrundform" genannt.

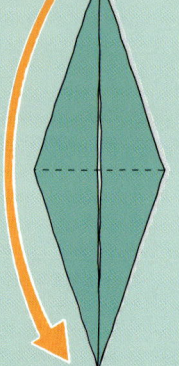
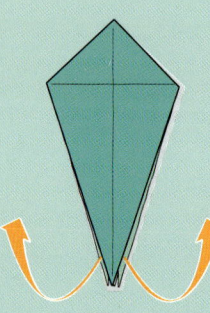

11 Klappe die oberen Spitzen vorne und hinten nach unten. Ziehe dann die innenliegenden Spitzen rechts und links waagerecht nach oben.

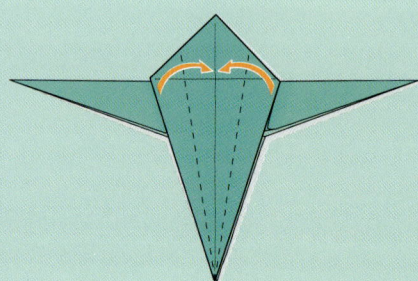

12 Falte die Seitenkanten an den markierten Linien in Richtung Mitte. Dabei entstehen an den Flügeln kleine Dreiecke. Drücke diese flach und wiederhole die Faltung auf der Rückseite.

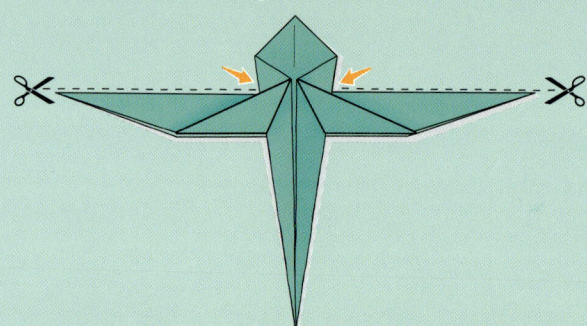

13 Schneide jetzt die Flügel bis zu den markierten Punkten auf.

14 Ziehe für die Flügel die obere Lage wie eingezeichnet nach oben.

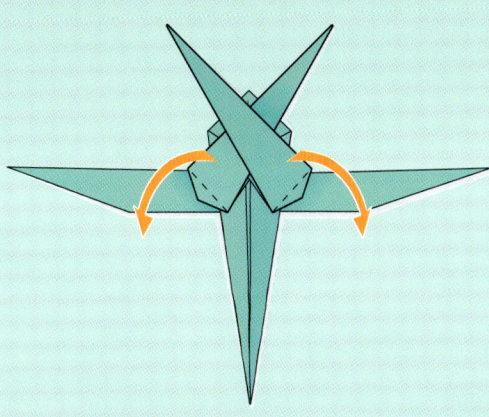

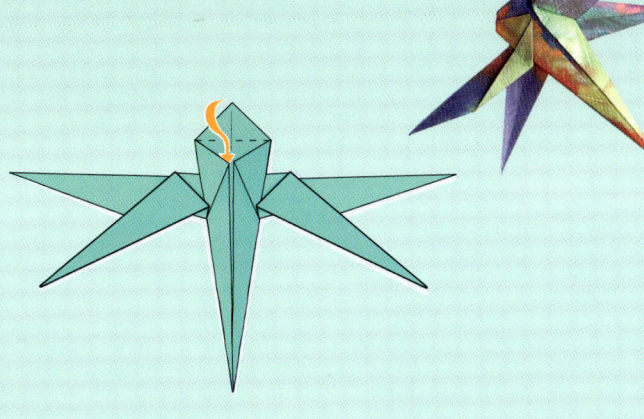

15 Im Anschluss faltest du sie an den markierten Linien wieder zurück.

16 Falte die obere Spitze nach unten und stecke sie in den Körper.

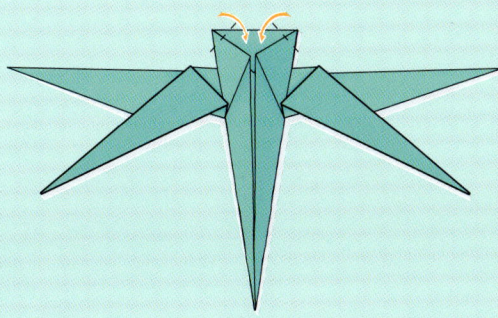

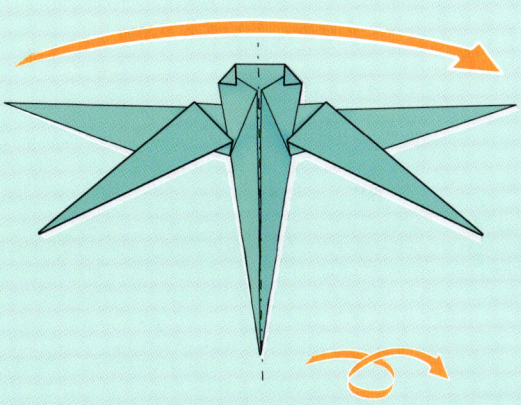

17 Nun musst du für die Augen die kleinen Ecken am Kopf nach vorne falten.

18 Falte die Figur einmal nach hinten zusammen, damit die Flügel nach oben stehen. Wende deine Figur, dann ist deine Libelle fertig.

Bringt euch in Sicherheit!

Traditionelles Modell

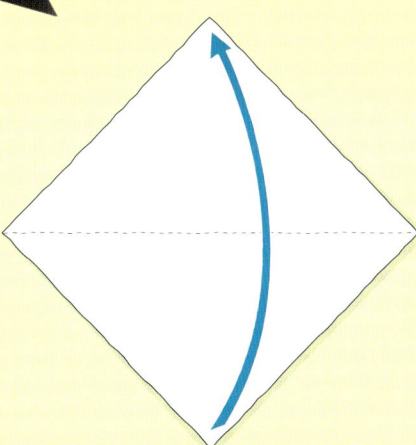

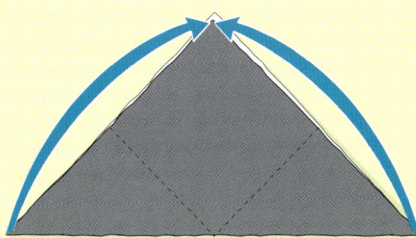

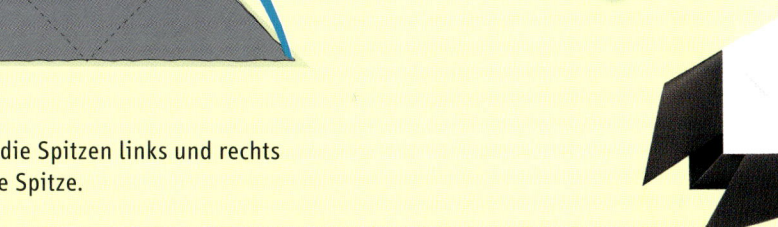

1 Lege das Faltpapier wie abgebildet vor dich hin, wobei die schwarze Seite nach unten zeigen muss. Klappe die untere Spitze auf die obere und streiche die Faltung schön glatt.

2 Klappe die Spitzen links und rechts auf die obere Spitze.

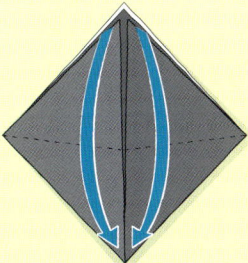

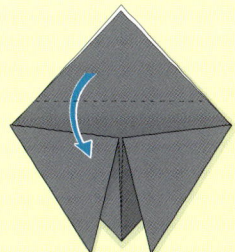

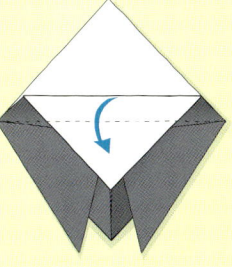

3 Falte nur die Spitzen der oberen Lage entlang den einzeichneten Strichlinien leicht schräg nach unten, sodass eine Lücke bleibt.

4 Lege die obere Lage der Spitze entlang der Markierung nach unten.

5 Nun faltest du das Papier der oberen Lage an der gestrichelten Linie – der waagerechten Mittellinie – noch mal nach unten.

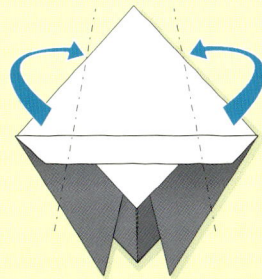

6 Dann faltest du die linke und rechte Seite nach hinten.

7 Klappe die obere Spitze entlang der Markierung nach hinten.

8 Zum Schluss musst du nur noch die kleinen Ecken oben links und rechts nach vorne knicken, dann kann deine Fliege lustig herumschwirren.

Glücksbringer

Traditionelles Modell

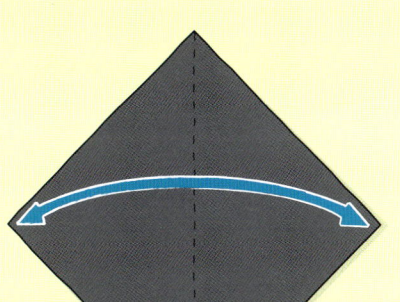

Du brauchst

✓ Duocolor-Faltpapier in Rot-Schwarz, 15 cm x 15 cm oder 7,5 cm x 7,5 cm
✓ Filzstift in Schwarz

1 Lege das Papier mit der roten Seite nach unten wie abgebildet vor dich hin und klappe die rechte Ecke auf die linke.

2 Öffne die Faltung wieder und falte die obere Ecke auf die untere.

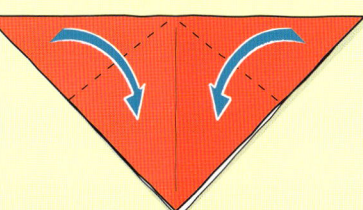

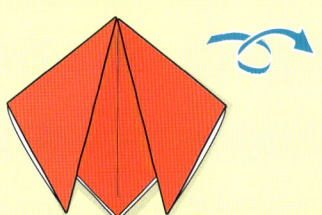

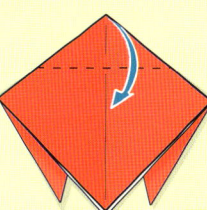

3 Falte die oberen beiden Ecken in Richtung Mittellinie, aber nicht genau auf sie, sondern so, dass wie abgebildet eine Lücke bleibt. Wende die Figur.

4 Falte die obere Spitze an der gestrichelten Linie nach unten.

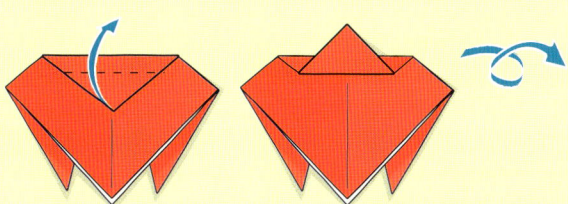

5 Dann faltest du diese Spitze entlang der markierten Strichlinie wieder nach oben und streichst das Modell glatt. Wende das Modell wieder.

6 Um deinen Marienkäfer fertig zu stellen, musst du jetzt nur noch seinen Kopf und die Punkte mit einem schwarzen Stift aufmalen.

Symbol für den Frieden

Traditionelles Modell

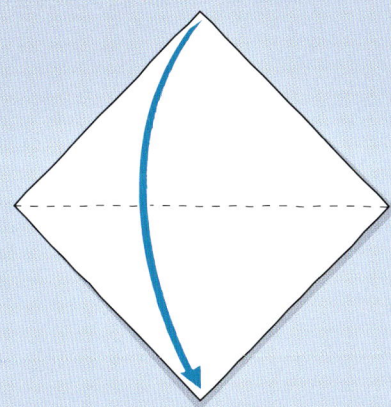

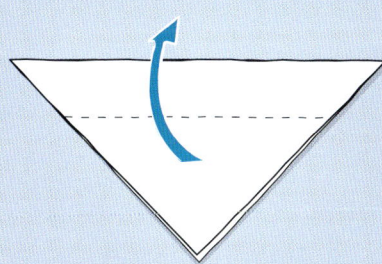

1 Lege das Faltpapier wie abgebildet vor dich hin und falte die obere Spitze auf die untere.

2 Dann faltest du die Dreiecksspitze (beide Papierlagen!) entlang der markierten Linie nach oben.

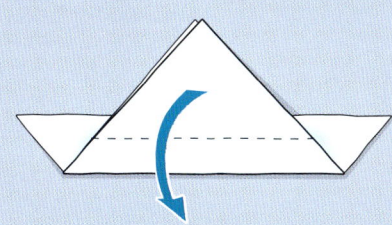

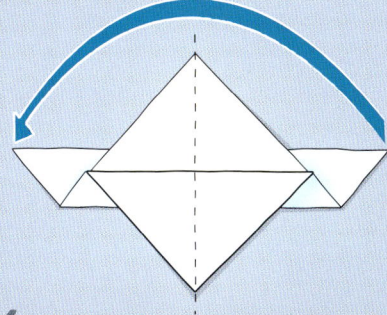

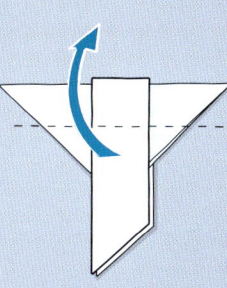

3 Von dem Dreieck, das jetzt nach oben zeigt, faltest du nun die obere Lage entlang der markierten Linie nach unten.

4 Klappe die Figur in der Mitte zusammen und drehe sie danach um 90 Grad, bis sie wie bei Schritt 5 abgebildet vor dir liegt.

5 Für die Flügel musst du jetzt den nach unten zeigenden Streifen entlang der markierten Linie auf der Vorder- und Rückseite nach oben falten.

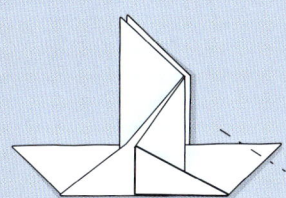

6 Für den Schnabel legst du die linke Spitze nach innen und fertig ist die Friedenstaube.

Vogel der Weisheit

Traditionelles Modell

1–11 Bei diesem Modell ist die „Vogelgrundform" die Ausgangsbasis. Folge hier also den Faltschritten 1–11 von der Libelle auf Seite 53. Die bedruckte Papierseite zeigt dabei am Anfang nach unten.

Du brauchst
✓ Faltpapier in Rot-braun-Weiß gemu-stert, 15 cm x 15 cm
✓ kleine Schere

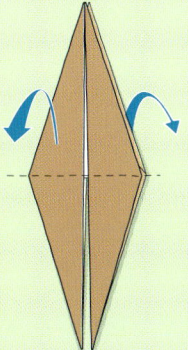

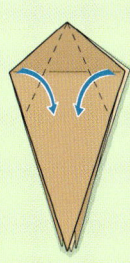

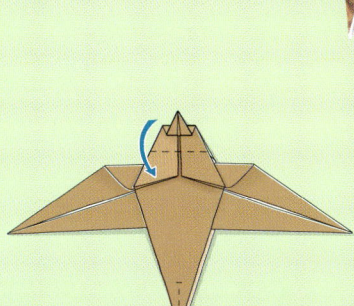

12 Lege nun die obere Spitze auf der Vorder- und Rückseite nach unten.

13 Falte nun die Spitzen links und rechts auf der Vorder- und Rückseite jeweils mittels Talfalten wie eingezeichnet zur Mitte um.

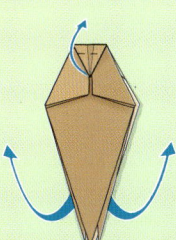

14 Die obere Spitze musst du nun nach hinten falten. Schneide nur die obere Papierlage an den markierten Stellen ein und wende dein Modell.

15 Falte die stumpfe obere Spitze wieder nach oben und ziehe die innenlie-gende Spitzen rechts und links schräg nach außen. Die Mittelbrüche dieser Teile liegen dann flach.

16 Falte den Kopf wie gezeigt nach vorne. Dabei stellen sich dann die Ohren der Eule auf. Die Spitze unten musst du bei der oberen Lage wie gezeigt einschneiden und die Teile zur Seite hin falten.

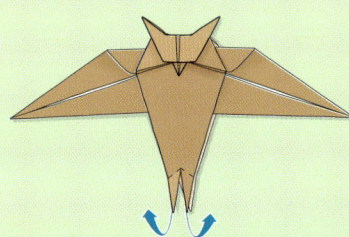

17 Jetzt musst du nur noch die untere Spitze nach hinten falten, damit deine Eule auch stehen kann.

Schau hier wie's geht

Auf dem Bauernhof

Christian Saile

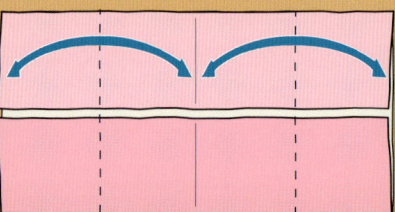

Du brauchst

✓ Duocolor-Faltpapier in Rosa-Flieder, 15 cm x 15 cm
✓ Zahnstocher

1 Lege das Papier mit der rosafarbenen Seite nach unten vor dich hin. Falte es erst waagerecht und dann senkrecht mittig zusammen und öffne die Faltungen wieder.

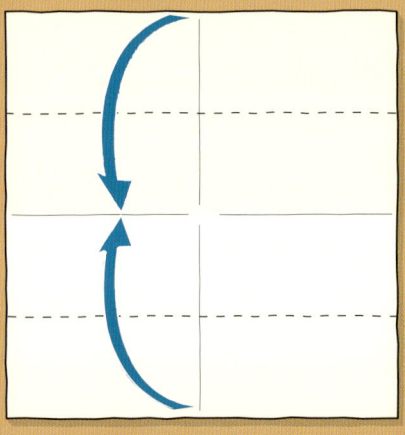

2 Falte die obere und die untere Kante zur waagerechten Mittellinie.

3 Danach faltest du die rechte und die linke Seite zur senkrechten Mittellinie und öffnest diese Faltungen wieder.

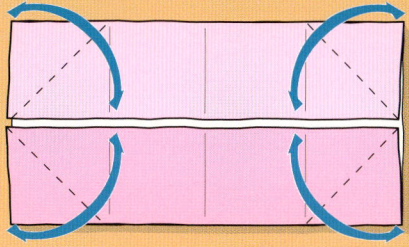

4 Falte alle vier Ecken auf die Mittellinie und öffne sie wieder.

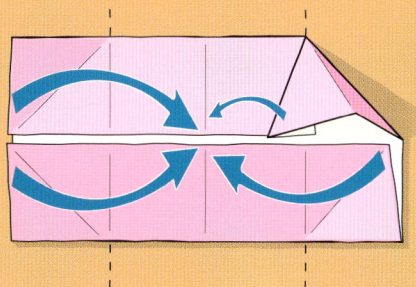

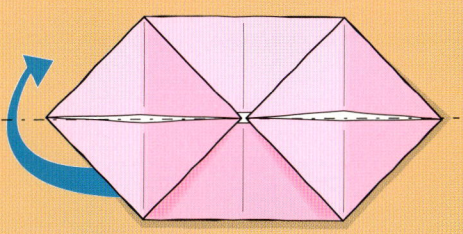

5 Fasse die Ecken an den markierten Stellen und drücke sie zur Mitte hin auf.

6 Dein Faltmodell sieht jetzt so aus. Klappe die Figur entlang der Mitte nach hinten um.

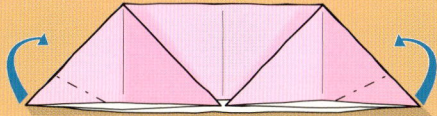

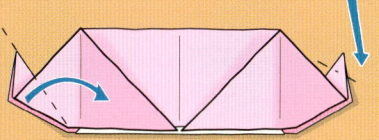

7 Dann faltest du die rechte und linke Ecke vor und legst sie im Gegenbruch nach innen. Beachte dabei unbedingt, dass die Spitzen herausschauen — sonst funktioniert es nicht.

8 Jetzt faltest du die kleine Spitze rechts im Gegenknick nach innen. Die kleine Spitze links klappst du auf.

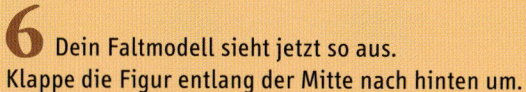

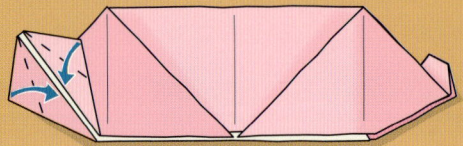
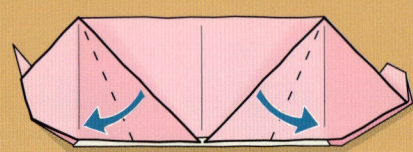

9 Falte die Seiten der linken Spitze nach innen und klappe das Ganze wieder zu. Das wird das Schwänzchen deines Schweinchens.

10 Für die Füße faltest du die Ecken an den markierten Linien nach unten, und zwar auf der Vorder- und der Rückseite.

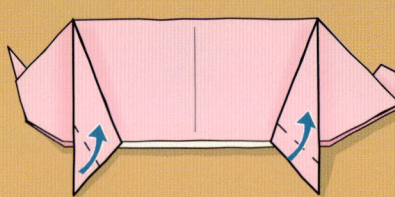

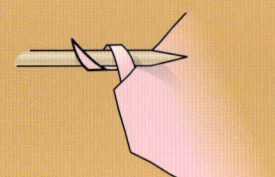

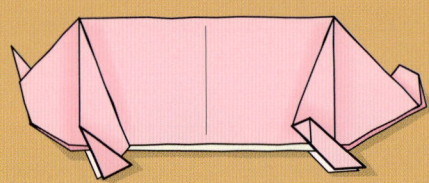

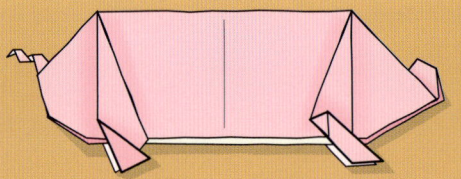

11 Um die Füße noch weiter auszuformen, faltest du sie an den markierten Linien in Richtung Schnauze, ebenfalls wieder auf der Vorder- und Rückseite.

12 Jetzt ist dein Schwein eigentlich schon fertig. Wenn du willst, kannst du aber noch sein Schwänzchen mithilfe eines Zahnstochers aus Holz ein wenig ringeln.

Christians Tipp

Meine Mama sagt oft, dass mein Zimmer aussieht wie ein richtiger Schweinestall. Ich hab ihr dann mal einen richtigen gezeigt. Den kannst du auch haben, du brauchst dafür nur ein paar gefaltete Schweine.

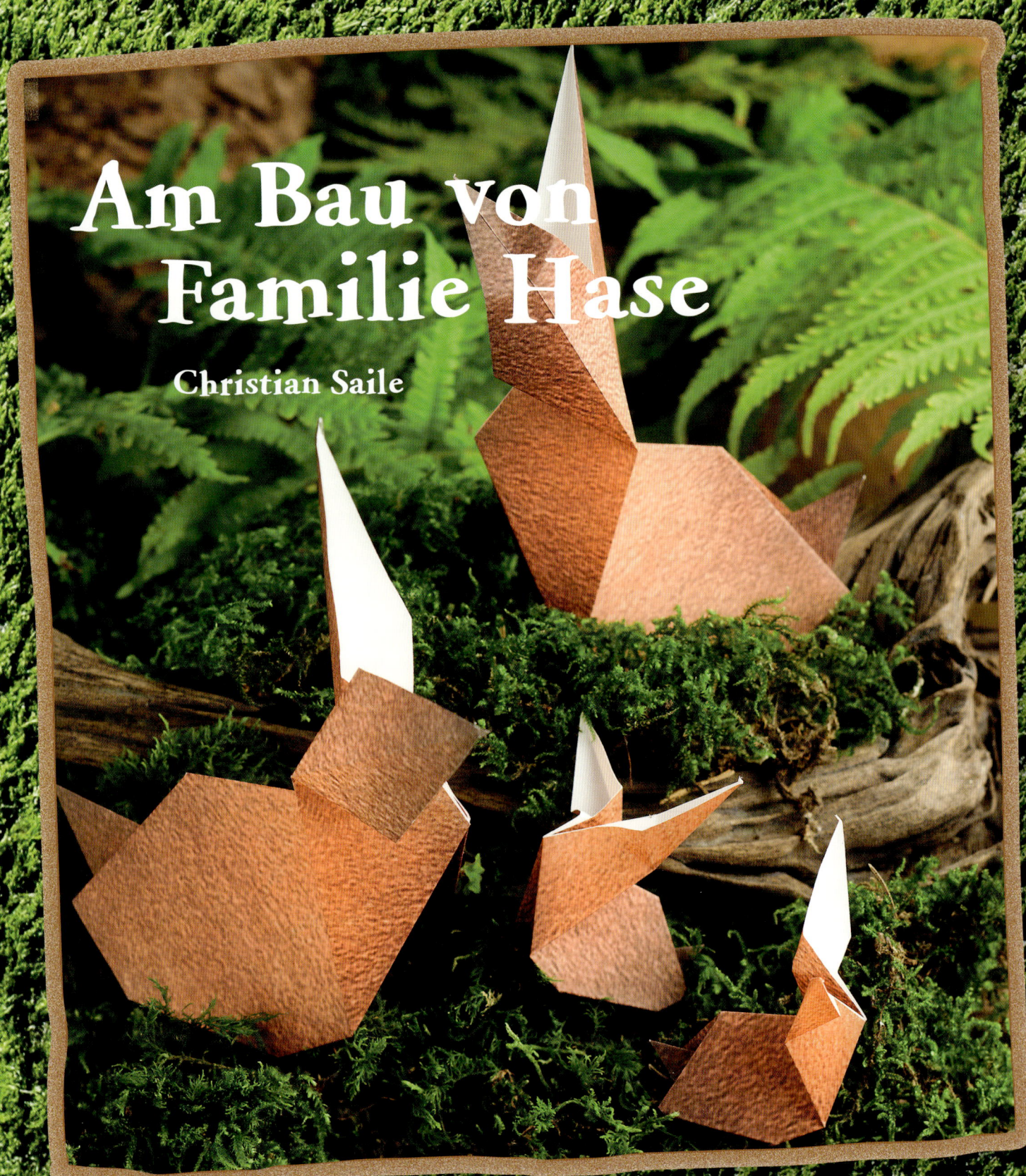

Am Bau von Familie Hase

Christian Saile

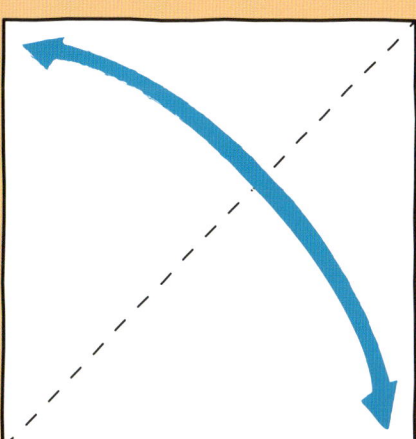

1 Lege das Papier mit der bedruckten Seite nach unten vor dich hin. Falte die rechte untere Ecke zur oberen linken und öffne das Faltpapier wieder.

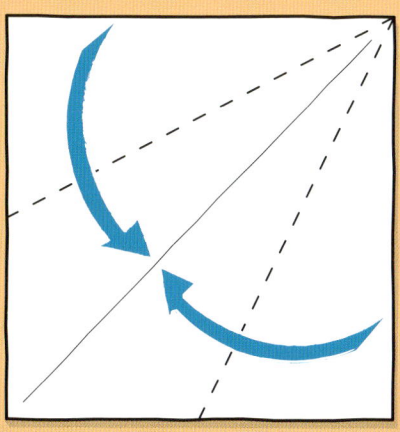

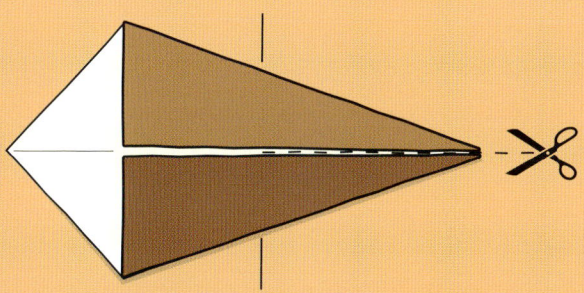

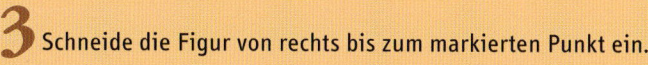

2 Dann faltest du die obere und die rechte Papierkante zur diagonalen Mittellinie. Es entsteht eine Drachenform.

3 Schneide die Figur von rechts bis zum markierten Punkt ein.

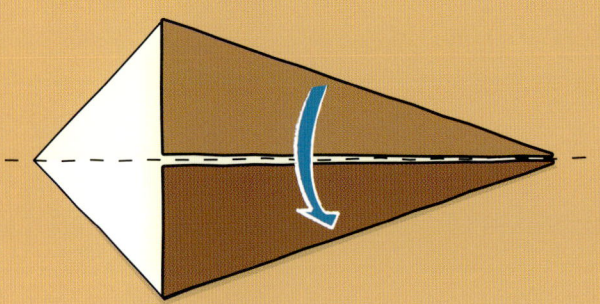

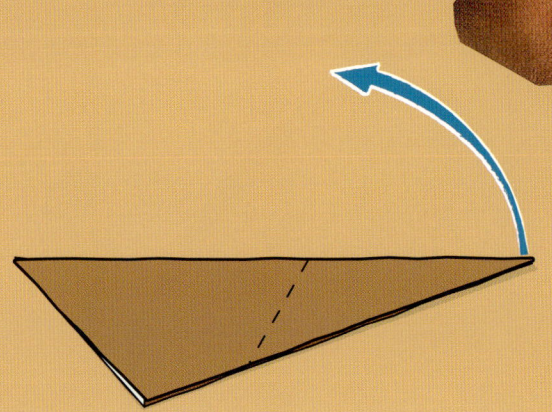

4 Klappe nun die Figur nach vorne zusammen.

5 Am Ende des Einschnitts faltest du die rechten Spitzen vorne und hinten schräg nach oben.

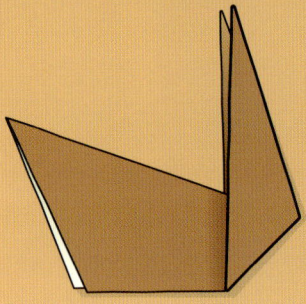

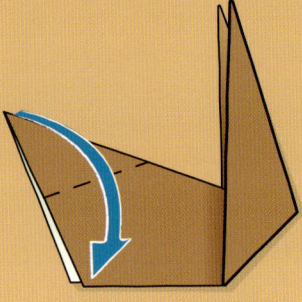

6 So sieht die Figur jetzt aus.

7 Für das Schwänzchen faltest du die linke obere Spitze nach unten ...

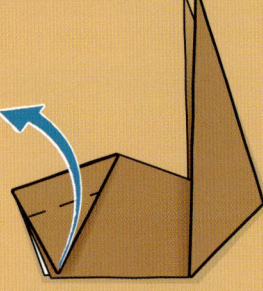

8 ... danach an der Markierung wieder nach oben.

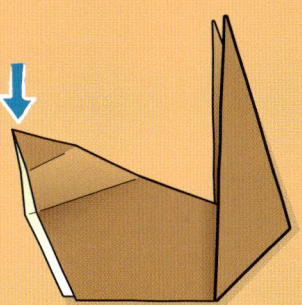

9 So sieht deine Figur jetzt aus. Öffne die beiden Faltungen wieder.

10 Lege nun die linke Spitze an der unteren Falte nach innen und an der oberen Falte – also im Zickzack – wieder nach außen.

11 So entsteht das Hasenschwänzchen. Danach faltest du die linke untere Ecke sowohl auf der Vorder- als auch der Rückseite nach innen.

12 Nun musst du nur noch beide Ohren an den markierten Linien vorfalten und zur Drachenform aufdrücken, damit du sie richtig schön aufstellen kannst.

Christians Tipp

Diese Hasen können z.B. zu Ostern als Tischdekoration über den Tisch „hoppeln".

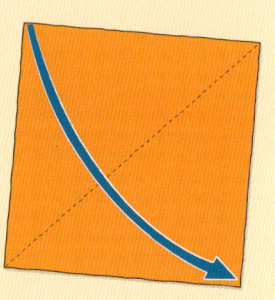

Du brauchst
✓ 2 Duocolor-Faltblätter in Ocker-Orange, 15 cm x 15 cm

1 Für den Körper des Hundes liegt anfänglich die dunkle Seite oben. Falte die obere linke Ecke auf die untere rechte.

2 Stülpe dann die linke untere Ecke im Gegenknick nach außen.

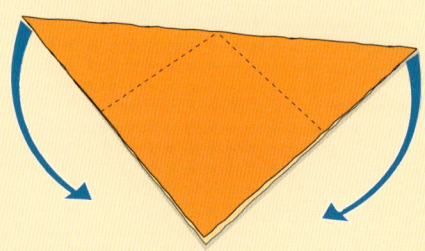

3 Für den Kopf des Hundes nimmst du jetzt das zweite Faltpapier, legst es mit der hellen Seite nach oben so vor dich hin, dass das Quadrat auf einer Spitze steht und klappst die obere Ecke auf die untere. Falte dann für die Ohren die Ecken oben links und rechts schräg nach unten.

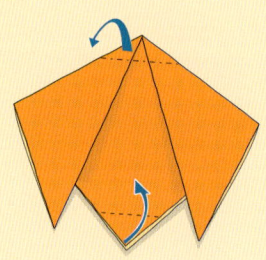

4 Falte die Spitze oben nach hinten und die obere Lage der unteren Spitze nach oben.

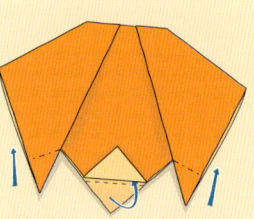

5 Falte dann die untere Lage der unteren Spitze ebenfalls nach oben – und zwar so, dass sie im Inneren liegt. Die kleinen Spitzen der Ohren faltest du nach innen

6 Stecke nun den Kopf auf den Körper des Hundes.

Christians Tipp

Besonders lustig sehen die Katze und der Hund aus, wenn du zum Schluss noch Wackelaugen aufklebst. Diese erhältst du in unterschiedlichen Größen z. B. im Bastelgeschäft.

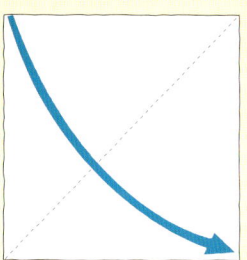

Du brauchst

✓ 2 Duocolor-Faltpapiere in Schwarz-Weiß, 15 cm x 15 cm

1 Für den Körper der Katze liegt anfänglich die weiße Seite oben. Falte die obere linke Ecke auf die untere rechte.

2 Stülpe dann die linke untere Ecke im Gegenknick nach außen.

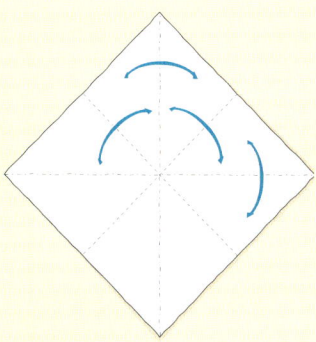

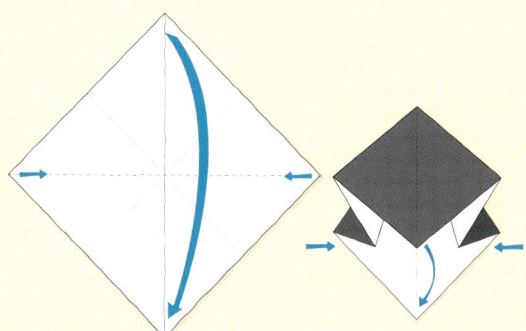

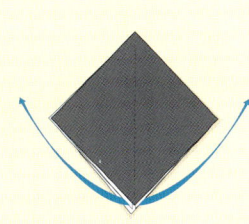

3 Für den Kopf der Katze legst das Papier mit der schwarzen Seite nach unten vor dich hin und falte es wie abgebildet vor. Achte dabei unbedingt auf die richtigen Berg- und Talfalten!

4 Nun legst du die obere auf die untere Spitze und drückst die seitlichen Spitzen an den markierten Stellen zur Mitte. Streiche die Faltung schön glatt.

5 Ziehe die innenliegenden Spitzen rechts und links nach oben und streiche wieder alles schön glatt.

6 Die mittlere Spitze oben faltest du nach hinten, die obere Lage der unteren Spitze nach oben.

7 Klappe die kleine obere Spitze der Schnauze nach unten und die untere Lage der unteren, größeren Spitze nach oben – und zwar so, dass sie im Inneren liegt.

8 Jetzt kannst du den Kopf auf den Körper stecken – oder auch festkleben, wenn du magst.

Fang die Maus

Christian Saile